人材確保等促進税制

所得拡大促進税制

の実務解説

適用要件の判定から
データ集計、申告事例まで

公認会計士・税理士
鯨岡 健太郎

はじめに

　平成25年度の税制改正で導入された「所得拡大促進税制」は、わが国経済の積年の課題となっているデフレ脱却からの経済活性化に向けた税制面からの支援として、賃上げを行う企業に対する減税措置を講じたものであった。実際、この税制は非常に多くの適用実績を上げており、毎年国会に提出される「租税特別措置の適用実態調査の結果に関する報告書」を見ても、本税制は研究開発税制や設備投資促進税制などの租税特別措置と比べて適用件数が圧倒的に突出していたことがわかる。賃上げによる個人所得の増加を通じた経済活性化というストーリーはわかりやすく、また他の減税措置に比べても適用のハードルが低く、非常に「使い勝手のよい減税措置」であったと評価できよう。

　本税制はその後数回の改正を経て、平成30年度の税制改正によって「賃上げ・投資促進税制」に改組された。当時は「生産性革命」がひとつのキーワードとされ、これを達成するためには「賃上げ」とともに「投資」（設備投資や人材投資）の促進も必要であるとの認識から、適用要件に設備投資の要件を追加する等の抜本的改組が行われたものである。しかしこの改正は、本税制の適用ハードルを一気に引き上げてしまった。賃上げの要件を満たすものの、設備投資の要件を満たせずに本税制の適用を受けられないケースが多発したのである。実際、上述の「適用実態調査報告書」を見ても、平成30年度（平成30年4月から平成31年3月までの間に終了した事業年度または連結事業年度）までは毎年安定的に10万件を超えて適用されていた税制が、「賃上げ・投資促進税制」に改組された翌年度（令和元年度）には適用件数が10分の1近くまで激減している。他方、

中小企業については引き続き設備投資要件が不要の「所得拡大促進税制」が適用されており、こちらは安定的に多数の適用件数で推移していることからしても、設備投資要件がネックになっていたと断言してしまってよいだろう。

そのような中、令和3年度の税制改正によって、「賃上げ・投資促進税制」は「人材確保等促進税制」に改組された。とりあえず適用ハードルを上げる要因となっていた設備投資要件が撤廃されたのは朗報である。ただし従来の税制とは異なり、新たな人材確保・人材育成を税制支援の対象に据えたことから、単純な賃上げではなく、新規雇用者に対する給与支給額を毎年増加させることが期待されている。これは単に新入社員の給与の引き上げが期待されているわけではなく、毎期継続的に新規雇用を生み出し、その新規雇用者に対する給与支給額を前年比で増加させることが期待されているのである。果たしてこれは税制適用のハードルを再び高めることになってしまうのか、心配な面もあるが再び多くの企業に適用されることを願ってやまない。

本書は、この「人材確保等促進税制」のほか、中小企業向けの「所得拡大促進税制」について、実務上のポイントも交えて網羅的に説明を試みた書籍であり、過去に発刊した『賃上げ・投資促進税制（所得拡大促進税制）の実務解説』（2018年）を全面的に見直して当時の内容に大幅な加筆修正を施したものである。もともとは、筆者が過去に寄稿したWeb情報誌「Profession Journal（プロフェッションジャーナル）」（株式会社プロフェッションネットワーク発行）の連載記事や速報解説の内容を基礎としていたものであり、今回の加筆修正に当たっても自身の過去の寄稿記事を見直して織り込んだ。

本書の特徴は、平成25年度に創設された「所得拡大促進税制」からの改正の経緯をすべて織り込んでいる点にある。旧制度における用語の定義なども章を分けて記載を続けており、当時の税務上の取扱いについて

知ることもできる。もちろん今では適用されない制度の話であるが、ごくまれに訪れる、過年度の税務申告の内容を振り返る必要性が生じる機会には参考になるであろう。

　新たな書き下ろし箇所も筆者の当初の想定以上に多くなってしまった。特に第11章「データ集計実務上のポイント」は、旧書刊行後に蓄積された筆者の税務申告実務経験をふまえて全面的に書き改めた。また、執筆日現在で公表されている最新の法人税申告書の様式を用いた記載例も収録しているうえ、令和4年度より適用されるグループ通算制度におけるインパクトについても触れた。旧書と同様、本書は現時点で公表されている最新の情報をすべて取り込んでおり、本税制の細かい取扱いも含めてすべての論点を網羅しているものと自負している。本書がきっかけとなって、実効税率の引き下げに寄与することができれば幸いである。

　なお、本書における意見にわたる記述は筆者の私見であって、所属する組織・団体の公式見解ではないので念のため申し添える。

　最後に、本書の企画から出版に至るあらゆる場面でご尽力いただいた清文社の坂田啓氏と編集を担当していただいた對馬大介氏には心より御礼申し上げる。

　令和3年10月

公認会計士・税理士　鯨岡　健太郎

目 次　CONTENTS

はじめに

第1章　総論

第1節　制度の概要 ……………………………………………………………… 3
1　人材確保等促進税制　3
2　所得拡大促進税制　4
3　賃上げ・投資促進税制

（令和3年度の税制改正で廃止）　4

第2節　制度の創設経緯 ………………………………………………………… 6
第3節　過年度における改正のあらまし ……………………………………… 7
1　平成25年度税制改正　7
2　平成26年度税制改正　8
3　平成27年度税制改正　12
4　平成29年度税制改正　13
5　平成30年度税制改正　15
6　令和2年度税制改正　18
7　令和3年度税制改正　18

第2章　適用要件

第1節	平成 25 年度 (創設当初)	25
第2節	平成 26 年度	26
第3節	平成 27 年度〜平成 28 年度	27
第4節	平成 29 年度	29
第5節	平成 30 年度〜令和元年度	32
	補足　経営力向上計画に関する証明について　34	
第6節	令和2年度	40
第7節	令和3年度〜令和4年度	41

第3章　特定税額控除規定の適用停止措置

第1節	概要	47
第2節	適用が停止される特定税額控除規定	49
第3節	申告書記載例	50
	別表6 (7)【記載例】　51	

第4章　用語の定義

第1節	制度ごとの用語の整理	55
第2節	各制度に共通の用語の定義	57

1 国内雇用者　57

2 給与等　58

【ケーススタディー】　59

3 他の者から支払を受ける金額　63

4 雇用安定助成金額　66

5 調整雇用者給与等支給増加額　68

6 教育訓練費の額、比較教育訓練費の額　69

第3節　人材確保等促進税制における用語の定義 ……………………73

　　1　国内新規雇用者　73

　　2　新規雇用者給与等支給額　78

　　　　補足　雇用保険一般被保険者　78

　　3　新規雇用者比較給与等支給額　80

　　4　控除対象新規雇用者給与等支給額　85

第4節　所得拡大促進税制における用語の定義 ……………………87

　　1　雇用者給与等支給額　87

　　2　比較雇用者給与等支給額　87

　　3　控除対象雇用者給与等支給増加額　88

　　4　中小企業者等　89

第5章　旧制度における用語の定義

第1節　所得拡大促進税制（平成25年度〜平成29年度）…………96

　　1　雇用者給与等支給額　96

　　2　比較雇用者給与等支給額　96

　　3　基準雇用者給与等支給額　96

　　4　平均給与等支給額・比較平均給与等支給額　98

　　　　補足　継続雇用制度　99

第2節　賃上げ・投資促進税制（平成30年度〜令和2年度）………106

　　1　雇用者給与等支給額　106

　　2　比較雇用者給与等支給額　106

　　3　継続雇用者給与等支給額・

　　　継続雇用者比較給与等支給額　106

　　4　国内設備投資額　112

　　　　補足1　「事業の用に供する」の意義　114

　　　　補足2　無形固定資産の内外判定　114

補足3 「国内資産の取得価額」の

取扱いに関する各種通達　115

5 当期償却費総額　117

補足　償却費として損金経理をした金額の範囲と

「設備投資額」の関係　118

6 比較教育訓練費の額　120

7 中小企業比較教育訓練費の額　121

第6章　雇用促進税制との併用

第1節 併用に伴う調整計算の概要 ……………………………………… 125

1 人材確保等促進税制における調整計算　126

2 所得拡大促進税制における調整計算　127

3 経過措置　128

第2節 雇用促進税制における用語の定義 ……………………………… 130

第3節 調整前法人税額の意義 …………………………………………… 133

補足　調整前法人税額から控除しない金額

（調整前法人税額超過額）　136

第7章　雇用形態ごとの適用可否

第8章　組織再編成が行われた場合

第1節 調整計算の全体像 ………………………………………………… 156

第2節 「基準日」の意義 ………………………………………………… 159

1 前事業年度等の月数が適用年度の月数に満たない場合で、

かつ、月数が6月に満たない場合　160

2 **1**以外の場合　161

補足　図による解説　161

第3節　合併が行われた場合の調整計算 ………………………………… 164

　　❶ 適用年度において合併が行われた場合　164

　　❷ 基準日から適用年度開始の日の前日までの期間に
　　　合併が行われた場合　166

第4節　分割等が行われた場合の調整計算（分割法人等）………… 167

　　❶ 適用年度において分割等が行われた場合　167

　　❷ 基準日から適用年度開始の日の前日までの期間に
　　　分割等が行われた場合　170

第5節　分割等が行われた場合の調整計算（分割承継法人等）…… 172

　　❶ 適用年度において分割等が行われた場合　172

　　❷ 基準日から適用年度開始日の前日までの期間において
　　　分割等が行われた場合　173

第6節　比較教育訓練費等に関する調整計算 …………………………… 175

　　❶ 概要　175

　　❷ 用語の意義　176

第7節　ケーススタディー …………………………………………………… 177

　　（1）適用年度に行われた合併（前事業年度が6月以上の
　　　　場合）　177

　　（2）ケーススタディー（1）の翌事業年度の取扱い　182

　　（3）適用年度に行われた合併（前事業年度が6月未満の
　　　　場合）　185

　　（4）ケーススタディー（3）の翌事業年度の取扱い　191

　　（5）適用年度に行われた分割等（前事業年度が6月以上
　　　　の場合）　194

　　（6）ケーススタディー（5）の翌事業年度の取扱い　197

第9章 地方税の取扱い

第1節 法人住民税の取扱い ································ 202

補足1 法人税割の課税標準となる「法人税額」 202

補足2 税額控除の効果が住民税に及ぶもの

（中小企業者等） 205

第2節 法人事業税の取扱い ································ 207

1 適用時期 207

2 用語の定義 208

3 適用要件 208

4 控除額の計算 208

5 適用上の留意点 209

補足 事業税の外形標準課税の概要 210

第10章 連結納税制度およびグループ通算制度における適用関係

第1節 連結納税制度における固有の取扱い ············ 219

1 適用年度 219

2 適用要件の充足性の判定 219

3 中小企業者等（中小連結親法人）の判定 220

4 税額控除限度額と控除上限額 221

5 各連結法人の当期控除額の個別帰属額 222

第2節 連結納税開始・加入時の取扱い ············ 223

第3節 連結離脱時の取扱い ···························· 224

第4節 地方税の取扱い ································ 225

第5節 グループ通算制度における取扱い ············ 226

第11章 データ集計実務上のポイント

| 第1節 | 収集が必要となるデータ | 232 |
| 第2節 | データ集計の順序 | 234 |

1 人材確保等促進税制または所得拡大促進税制の
適用に必要なデータ　234

2 特定税額控除規定の適用停止措置の
適用判断に必要なデータ　235

3 まとめ　235

第3節	国内雇用者と国内新規雇用者	237
第4節	継続雇用者 （特定税額控除規定の適用停止措置の適用要件）	240
第5節	給与等支給額の集計	242

1 個人別・月別給与等支給額一覧表　243

2 属性の設定　250

3 金額の集計　256

4 他の者から支払を受ける金額　258

| 第6節 | 決算・申告スケジュールとの関連 | 259 |
| 第7節 | 本税制の適用可否シミュレーション | 261 |

第12章 申告書への記載

| 第1節 | 明細書の添付と当初申告要件 | 265 |

1 明細書の添付　265

2 当初申告要件　266

補足　「確定申告書等」の範囲　266

| 第2節 | 申告書記載例 | 268 |

【記載例1】人材確保等促進税制　268

別表6（27）【記載例】　　270

【記載例2】所得拡大促進税制（中小企業者等）　　276

別表6（28）【記載例】　　277

【記載例3】賃上げ・投資促進税制（旧制度）　　282

別表6（24）【記載例】　　284

【記載例4】人材確保等促進税制

（連結納税の場合）　　290

別表6の2（24）【記載例】　　292

別表6の2（24）付表【記載例】　　293

第13章 関連法規・通達集

1 法律　　303

2 政令　　313

3 省令　　337

4 通達　　340

※本書の内容は、令和3年9月末日現在の法令等によっています。

───● 凡例 ●───

法令等の引用については次の略称を用いた。

措　法………租税特別措置法
措　令………租税特別措置法施行令
措　規………租税特別措置法施行規則
措　通………租税特別措置法関係通達
所　法………所得税法
所　令………所得税法施行令
法　法………法人税法
法　令………法人税法施行令
法基通………法人税基本通達
地　法………地方税法
地法附則……地方税法制定附則
労基法………労働基準法
雇保法………雇用保険法
高年齢者雇用安定法……高年齢者等の雇用の安定等に関する法律
労働者派遣法
　　　……労働者派遣事業の適正な運営の確保及び派遣労働者の
　　　　保護等に関する法律
震災特例法
　　　……東日本大震災の被災者等に係る国税関係法律の臨時特
　　　　例に関する法律

　本書では、制度改正前後の定義のそれぞれについて説明する必要があることから、参照条文がいつの時期のものかを明らかにするために、参照条文番号の冒頭に「H25」（平成25年4月1日時点のもの）、「H29」（平成29年4月1日時点のもの）、「H30」（平成30年4月1日時点のもの）、または「R2」（令和2年4月1日時点のもの）などと追記している。

第1章

総論

第1節 制度の概要

租税特別措置法第42条の12の5に定められているこの税制には「給与等の支給額が増加した場合の法人税額の特別控除」との見出しが付されているが、実際には以下の2種類の税額控除制度が含まれている。

- 人材確保等促進税制（第1項）
- 中小企業者等向けの所得拡大促進税制（第2項）

1 人材確保等促進税制

青色申告法人が適用年度[1]（令和3年4月1日から令和5年3月31日までの間に開始する事業年度）中に国内新規雇用者に対して給与等を支給する場合において、一定の適用要件を満たすときは、その給与等支給額の15％（または20％）相当額を法人税額から控除するという制度である（措法42の12の5①）。

平たく言えば、「新規雇用者に対する給与の支払いを前年度から増やすこと（＝人材確保・人材育成の拡大）によって受けられる税額控除」

---

[1] 設立事業年度、解散（合併による解散を除く）の日を含む事業年度および清算中の各事業年度を除く。
また「設立事業年度」とは、設立の日を含む事業年度をいうが、「設立の日」には以下の日も含まれる（措法42の12の5③一）。
・外国法人：恒久的施設を有することとなった日
・公益法人等および人格のない社団等：新たに収益事業を開始した日
・公益法人等（収益事業を行っていないものに限る）に該当していた普通法人または協同組合等：その普通法人または協同組合等に該当することとなった日

ということである。

　この税制は、令和3年度の税制改正によって従来の「賃上げ・投資促進税制」から改組され創設されたものである。

2　所得拡大促進税制

　中小企業者等が適用年度（平成30年4月1日から令和3年3月31日までの間に開始する事業年度）中に国内雇用者に対して給与等を支給する場合において、一定の適用要件を満たすときは、前年度からの給与等支給増加額の15％（または25％）相当額を法人税額から控除するという制度である（措法42の12の5②）。

　平たく言えば、「国内雇用者に対する給与の支払いを増やすこと（＝賃上げ）によって受けられる税額控除」ということである。

　この税制は、もともと平成25年度に創設されたものが複数回にわたる適用要件等の改正を経て現在まで継続しているものである。

3　賃上げ・投資促進税制（令和3年度の税制改正で廃止）

　青色申告法人が適用年度（平成30年4月1日から令和3年3月31日までの間に開始する事業年度）中に国内雇用者に対して給与等を支給する場合において、賃上げおよび設備投資に関する一定の適用要件を満たすときは、前年度からの給与等支給増加額の15％（または20％）相当額を法人税額から控除するという制度である（H30措法42の12の5①）。

　平たく言えば、「国内雇用者に対する給与の支払いを増やす（＝賃上げ）とともに、国内において一定の設備投資を行うことによって受けられる税額控除」ということである。

　この税制は、令和3年度の税制改正において「人材確保等促進税制」

に抜本的に改組されて廃止されることとなった。

【税額控除限度額の計算】

制度	控除限度額	控除上限
人材確保等促進税制	【原則控除】 控除対象新規雇用者給与等支給額の15% 【上乗せ控除】 控除率を15%から20%として計算	適用年度の調整前法人税額の20%
中小企業者等向け所得拡大促進税制	【原則控除】 控除対象雇用者給与等支給増加額の15% 【上乗せ控除】 控除率を15%から25%として計算	適用年度の調整前法人税額の20%
賃上げ・投資促進税制【旧制度】	【原則控除】 （雇用者給与等支給額－比較雇用者給与等支給額）×15% 【上乗せ控除】 控除率を20%として計算	適用年度の調整前法人税額の20%

第2節 制度の創設経緯[2]

　この税制は、日本経済をめぐる積年の課題である「デフレ脱却からの安定的な経済成長の達成」のために、特に雇用環境および個人所得水準の改善を通じた経済活性化を促すために創設されたものである。

　制度の創設当時（平成25年）、デフレの状況が断続的に10年以上続いており[3]、その脱却に向けた取組みを進めることが経済政策上極めて重要視されていた。

　このような状況下、当時の政権の日本経済再生に向けた強い意志・明確なコミットメントを示すものとして、平成25年1月11日に「日本経済再生に向けた緊急経済対策」が閣議決定された。その基本理念は、長引く円高とデフレ不況から脱却するため、「成長と富の創出の好循環」を実現し、「強い経済」を取り戻すことにあった。

　これを受け、平成25年度税制改正においても、現下の経済情勢等をふまえつつ、「成長と富の創出の好循環」を実現するための様々な税制が講じられることとなった。

　当時の厳しい雇用情勢の中、給与所得者の平均給与額が年々減少し、特にリーマンショック以降は低位の水準に留まっていたことから、個人所得の拡大を図り、所得水準の改善を通じた消費喚起による経済成長を達成するため、企業の労働分配（給与等支給額）の増加を促す措置として、所得拡大促進税制を創設することとされた。

2　財務省「平成25年度 税制改正の解説」p.433「1. 経緯・趣旨等」の表現を一部変更して引用。

3　内閣府「マンスリー・トピックス No.016 デフレ脱却の意義と課題」（平成25年2月27日）

第3節 過年度における改正のあらまし

　本税制の適用要件や控除税額の計算方法は頻繁に改正されており、これは他の租税特別措置と比較しても異例のペースといえよう。本税制をより多くの企業が適用することによって、「賃上げ」および「設備投資」を契機とする経済活性化を確実なものにしようとする政権の強い意図が感じられる。

　詳細な用語の定義や適用要件の説明は別に行うが、本節では、現制度に至るまでの過去の改正経緯について、当時の改正趣旨に触れながら概観しておきたい。

1 平成25年度税制改正

　賃上げによる個人所得の拡大を通じた経済成長を促すための税制措置として、所得拡大促進税制（雇用者給与等支給額が増加した場合の法人税額の特別控除制度）が創設された。

　当初の適用年度および適用要件は次ページ表の通りであった（H25措法42の12の4①、H25措令27の12の4⑪）。

【平成25年度の税制改正事項（制度創設）】

摘　要	内　容
適用年度	平成25年4月1日から平成28年3月31日までの間に開始する各事業年度
適用要件①	雇用者給与等支給額が基準雇用者給与等支給額から5％以上増加していること。
適用要件②	雇用者給与等支給額が比較雇用者給与等支給額以上であること。
適用要件③	平均給与等支給額が比較平均給与等支給額以上であること。 ● 平均給与等支給額の計算の基礎となる給与等の支給額は、雇用者給与等支給額から日雇労働者に係る支給額を控除した金額とする。

　上記の適用要件を全て満たした場合に、雇用者給与等支給増加額（雇用者給与等支給額から基準雇用者給与等支給額を控除した金額）の10％相当額（税額控除限度額）を法人税額から控除することとされた。ただし、当該法人の当該事業年度の所得に対する法人税の額の10％（中小企業者等である場合には20％）相当額を、控除できる金額の上限（控除上限）とする。

2 平成26年度税制改正

　所得拡大促進税制の創設後、日本の経済に好転の兆しが徐々に見えてきたところであるが、企業収益の拡大が個人の所得、そして消費の拡大につながっていくという自律的な好循環を早期に作り上げ、それをもっ

て成長戦略の実現を加速化するため、より多くの企業が本制度を活用できるよう見直しを行い、企業による賃金の引上げを強力に促すものとすることが必要とされた。

このような認識をふまえ、適用要件のハードルを下げて適用事業者を単に増やすといったこととならないように配慮しつつも、個々の企業において賃金を引き上げる際の実態との乖離を縮小した上で、最終的には、一定以上の所得水準への改善を実現することを目標とする制度へ若干の改組をすることとなった[4]。

具体的には、次表の通り改正されることとなった（H26措法42の12の4①、H26措令27の12の4⑪）。なお、税額控除限度額および控除上限の計算は変更されていない。

【平成26年度の税制改正事項】

摘　要	改 正 前	改 正 後
適用年度の見直し	平成25年4月1日から平成28年3月31日までの間に開始する事業年度に適用する。	適用期限が平成30年3月31日（までの間に開始する事業年度）まで2年延長された。

4　財務省「平成26年度 税制改正の解説」p.409「2．改正の趣旨及び背景」の表現を一部変更して引用。

9

摘　要	改　正　前	改　正　後
適用要件①の見直し	雇用者給与等支給額が基準雇用者給与等支給額から５％以上増加していること。	適用年度の区分に応じて段階的に要件を修正した。 ● 平成27年４月１日より前に開始する事業年度：2％以上 ● 平成27年４月１日から平成28年３月31日までの間に開始する事業年度：3％以上 ● 平成28年４月１日から平成30年３月31日までの間に開始する事業年度：5％以上
適用要件③の見直し	平均給与等支給額が比較平均給与等支給額以上であること。 ● 平均給与等支給額の計算の基礎となる給与等の支給額は、雇用者給与等支給額から日雇労働者に係る支給額を控除した金額とされた。	平均給与等支給額が比較平均給与等支給額を超えることとされた。 ● 平均給与等支給額の計算の基礎となる給与等の支給額を「継続雇用者」に対するものに限定した。

ところで、平成26年度の税制改正スケジュールは他の年度と比較しても異例の動きが含まれており、その影響で、所得拡大促進税制についても異例の「経過措置」が盛り込まれることとなった。

平成25年12月12日に与党（自由民主党および公明党）より平成26年度税制改正大綱が公表され、同月24日に閣議決定されたが、これに先立ち、平成25年10月1日には「民間投資活性化等のための税制改正大綱」（以下「秋の大綱」という）が公表されており、これも合わせて平成26年度税制改正大綱として取り扱われることとなった。

この点に関し、「秋の大綱」に盛り込まれた改正項目のうち一部の項目については、経過措置として適用が前年度（すなわち平成25年度）に遡及するものが生じることとなった。つまり改正項目のうち「産業競争力強化法の施行の日」（平成25年12月2日）から適用されるものについては、結果的に平成26年度を待たずして適用されるものが生じることとなったのであるが、所得拡大促進税制の改正はこの「秋の大綱」に含まれていたため、異例の「遡及適用」が生じることとなったのである。

改正後の制度は平成26年4月1日以後に終了する事業年度について適用されるが、平成25年4月1日以後に開始し、平成26年4月1日より前に終了する事業年度で改正前の所得拡大促進税制の適用を受けていない事業年度（経過事業年度）において、改正後の適用要件の全てを満たすときは、その経過事業年度について改正後の規定を適用して算出される税額控除相当額を、改正後税制の適用年度において、その税額控除額に上乗せして法人税額から控除できることとされた。

例えば、平成26年3月期決算法人が「改正前の」所得拡大促進税制の適用要件を満たしておらず、当税制の適用を受けていない場合であっても、「改正後の」所得拡大促進税制の適用要件を満たしている場合には、改正後の規定により算出された税額控除相当額を翌事業年度（平成27年3月期）にて追加的に控除できるというものである。

3 平成27年度税制改正

　法人税改革の一環として、企業の賃上げへの動き出しを一層強く後押しするための対応として、適用要件①（増加促進割合に係る要件）を以下のように見直すこととなった。なお、税額控除限度額および控除上限の計算は変更されていない。

【平成27年度の税制改正事項】

摘　要	改　正　前	改　正　後
適用要件①の見直し	雇用者給与等支給額が基準雇用者給与等支給額から以下の増加促進割合以上増加していること。 （中略） ● 平成28年4月1日から平成30年3月31日までの間に開始する事業年度：5％以上	適用年度中の各事業年度において満たすべき増加促進割合を以下の通り見直した。 ● 平成28年4月1日から平成29年3月31日までの間に開始する事業年度：4％以上（中小企業者等は3％以上） ● 平成29年4月1日から平成30年3月31日までの間に開始する事業年度：5％以上（中小企業者等は3％以上）

4 平成29年度税制改正

　企業収益の拡大を雇用の増加や賃金上昇につなげることにより経済の「好循環」を強化するとの観点から、企業にさらなる賃金引上げを行うインセンティブを強化するための見直しが行われた。

　具体的には次ページ表のように、大企業[5]については、より高い賃金引上げを行う企業に支援を重点化する一方で、大企業に比べて賃金引上げの余力に乏しいと考えられる中小企業者等については、従来の要件を維持しつつ、さらに高い賃上げを行う場合には大幅に引き上げられた税額控除割合が適用できることとされた[6]。なお、控除上限の計算は変更されていない。

5　本書において「大企業」とは、中小企業者等（89ページ参照）以外の法人を指す。

6　財務省「平成29年度 税制改正の解説」p.443〜444「2．改正の内容」の表現を一部変更して引用。

【平成29年度の税制改正事項】

摘　要	改 正 前	改 正 後
適用要件③の見直し	平均給与等支給額が比較平均給与等支給額を超えること。	（中小企業者等） ● 変更なし。 （大企業） ● 平均給与等支給額が比較平均給与等支給額から2％以上増加していること。
上乗せ税額控除の創設	———	（中小企業者等） ● 比較雇用者給与等支給額からの増加額×12％相当額を上乗せ控除する。 ● ただし、平均給与等支給額が比較平均給与等支給額から2％以上増加している場合に限る。 （大企業） ● 比較雇用者給与等支給額からの増加額×2％相当額を上乗せ控除する。

5 平成30年度税制改正

　本税制が平成25年度の税制改正によって創設されてから5年が経過し、当初の適用期限の終了時期を迎えようとしていた。

　そのような状況下、平成29年12月8日には「新しい経済政策パッケージ」が閣議決定され、その中では「生産性革命」という項目が大きな柱として設定され、2020年までを「生産性革命・集中投資期間」として、大胆な税制等により①労働生産性（1人当たり・1時間当たりの実質GDP）の年2％向上、②対2016年度比で日本の設備投資額を10％以上増加、③2018年度以降3％以上の賃上げ、といった目標の達成を目指しており、世界に先駆けて「生産性革命」を実現しようとしていた[7]。

　これをふまえ、平成30年度の税制改正では、生産性革命を達成するための重要な要素である「賃上げ」と「投資」（設備投資・人材投資）の促進を税制面から支援すべく本税制の抜本的な見直しが行われ、本税制のタイトル（条文見出し）も「雇用者給与等支給額が増加した場合の法人税額の特別控除」から「給与等の引上げ及び設備投資を行った場合等の法人税額の特別控除」に改められた。

　これに伴い適用要件が抜本的に見直され、一定の賃上げおよび設備投資を行った企業に対して税額控除の適用を認めることとされた。ただし、一律に適用要件を定めてしまうと中小零細企業に与える影響が大きいと考えられることから、設備投資の要件は大企業についてのみ求めることとし、賃上げに係る要件についても中小企業者等と大企業とで異なる水準を設定した。

　控除税額の計算についても、改正前の制度では「基準年度」からの増

---

[7] 財務省「平成30年度 税制改正の解説」p.404「2. 改正の経緯及び趣旨」の表現を一部変更して引用。

加額および「前年度」からの増加額（上乗せ）を基礎として計算していたが、基準年度が既に 5 年以上前のものであり直近の賃上げの実態と乖離していることから、基準年度を廃止し、前年度からの増加額を基礎として計算する方法に改められた。

　なお人材投資については、適用要件に含めるのではなく、一定の人材投資を達成した企業に対して上乗せ控除を認めるという制度となった。

　平成30年度の税制改正による変更点については、以下のような特徴があった。

① **適用要件に差異を設けた**

　改正後の制度でも、適用対象法人を中小企業者等と大企業に区別し、それぞれに異なる適用要件を定めた。

　なお、中小企業者等の定義自体はこの改正によって変更されていない（H30措法42の 4 ⑧六、H30措令27の 4 ⑫）。

② **基準雇用者給与等支給額および設立事業年度の取扱い**

　改正前の制度の適用要件とされていた「基準雇用者給与等支給額」との比較は、この改正により「基準事業年度」の概念が廃止されたため不要となった。

　併せて、基準雇用者給与等支給額の算定に関して定められていた「新設法人の取扱い」（H29措法42の12の 5 ②四ハ）も廃止されたほか、設立事業年度に本税制は適用されないことが明確にされた（H30措法42の12の 5 ①冒頭カッコ書き）。

③ **比較雇用者給与等支給額の取扱いの見直し**

　改正前の制度の適用要件とされていた「比較雇用者給与等支給額」との比較は、適用要件として定められるのではなく、「雇用者給与等支給

額が比較雇用者給与等支給額以下である場合」には適用要件を満たさないという表現に変更された（H30措法42の12の5①本文）。

改正後の制度では控除税額を比較雇用者給与等支給額からの増加額に基づき計算することとされたため、これを適用要件とする意味がなくなった。

また、適用年度と前事業年度等の月数が異なる場合の調整計算についても、支給実態をより適切に反映させるための見直しが図られた。

④　平均給与等支給額の取扱い

改正前の制度の適用要件とされていた「平均給与等支給額」の比較は、継続雇用者給与等支給額の総額によって判定することとされたほか、継続雇用者給与等支給額の集計範囲についても見直しが行われた。

平均給与等支給額が分数概念であったために特別な規定が必要とされていた「継続雇用者給与等支給額がゼロの場合」の取扱いについても変更され、この場合には適用要件を満たさないことが明確化された（H30措令27の12の5㉒）。

⑤　設備投資要件の追加（大企業のみ）

大企業については、一定規模の設備投資を行うことが適用要件の一つとされており、賃上げの要件のみを満たしているだけでは本税制の適用を行うことができないこととされた。

具体的には、国内設備投資額が当期償却費総額の90％以上であることが必要となった（H30措法42の12の5①二）。

6 令和2年度税制改正

かねて内閣府より公表されている『第5期科学技術基本計画(平成28年度～平成32年度)』において、わが国が目指すべき未来社会の姿として"Society 5.0"という概念が提唱されている。これは、「サイバー空間(仮想空間)とフィジカル空間(現実空間)を高度に融合させたシステムにより、経済発展と社会的課題の解決を両立する、人間中心の社会(Society)」と説明されている[8]。

そのSociety5.0の実現に向け、イノベーションの促進がひとつの政策目標として掲げられる中、企業の設備投資額が増えてきている状況に鑑み、設備投資要件を強化して賃上げへのインセンティブを通じた税制効果を発揮しやすくなるような見直しが行われた。

具体的には、設備投資の要件について、国内設備投資額が当期償却費総額の95%以上(改正前：90%以上)であることとされた(R2措法42の12の5①二)。

また、雇用促進税制と併用する場合の雇用者給与等支給額の調整計算(雇用者給与等支給増加重複控除額)について、雇用促進税制の改正をふまえ計算方法が変更されている(詳細は第6章を参照のこと)。

7 令和3年度税制改正

令和2年初頭より、新型コロナウイルス感染症の影響でわが国の経済活動が大きく制約され、厳しい局面が続いていたところである。コロナ禍にあって労働者を取り巻く環境が大きく変化する中で、企業が新しい社会へ適用していくためには、事業や構造を変革する新たな人材の獲得

---

[8] 内閣府ホームページ(https://www8.cao.go.jp/cstp/society5_0/)より

および人材育成の強化が重要であることや、企業の採用状況が悪化する中で第二の就職氷河期を作らないことも重要である[9]。

このような観点から、従来の「賃上げ・投資促進税制」の適用要件等が抜本的に見直され、新たに人材確保・人材育成に着目した税制（人材確保等促進税制）に改組された（措法42の12の5①）。

また、中小企業者等向けの「所得拡大促進税制」についても、これまでは個々の法人の継続雇用者の賃金引き上げに主眼を置いた適用要件が定められていたが、足下新型コロナウイルス感染症の影響で雇用情勢が厳しい中、単に自らの従業員に対する給与の引き上げを行うのみならず、雇用者報酬全体の維持・拡大に積極的に取り組む法人を支援すべきと考えられる[10]。

このような観点から、制度の枠組みとしては現行制度を維持しつつ、適用要件等を見直した上で適用期限を2年延長することとされた（措法42の12の5②）。

9　財務省「令和3年度税制改正の解説」p.509「2．改正の趣旨及び概要」の表現を一部変更して引用。

10　同上

(1) 「賃上げ・投資促進税制」から「人材確保等促進税制」への改組

	改 正 前	改 正 後
適用時期	平成30年4月1日から令和3年3月31日までの間に開始する事業年度に適用する。	令和3年4月1日から令和5年3月31日までの間に開始する事業年度に適用する。
適用要件①	継続雇用者給与等支給額が継続雇用者比較給与等支給額から3％以上増加していること。	新規雇用者給与等支給額が新規雇用者比較給与等支給額から2％以上増加していること。
適用要件②	国内設備投資額が当期償却費総額の95％以上であること。	（廃止）
税額控除限度額	【原則控除】 (雇用者給与等支給額－比較雇用者給与等支給額)×15% 【上乗せ控除】 上の控除率を20％として計算	【原則控除】 控除対象新規雇用者給与等支給額×15% 【上乗せ控除】 上の控除率を20％として計算
控除上限	適用年度の調整前法人税額の20％	同左

　改正前の制度（賃上げ・投資促進税制）が「雇用者給与等支給額」の増加分に税額控除のインセンティブを与えているのに対し、改正後の制度（人材確保等促進税制）は新規雇用者に対する雇用者給与等支給額そのものに税額控除のインセンティブを与えるように変更されたということである。

(2)　中小企業者等向け「所得拡大促進税制」の見直し

	改 正 前	改 正 後
適用時期	平成30年4月1日から令和3年3月31日までの間に開始する事業年度に適用する。	令和3年4月1日から令和5年3月31日までの間に開始する事業年度に適用する。
適用要件	継続雇用者給与等支給額が継続雇用者比較給与等支給額から1.5％以上増加していること。	雇用者給与等支給額が比較雇用者比較給与等支給額から1.5％以上増加していること。
税額控除限度額	【原則控除】 （雇用者給与等支給額－比較雇用者給与等支給額）×15％ 【上乗せ控除】 上の控除率を25％として計算	【原則控除】 控除対象雇用者給与等支給増加額×15％ 【上乗せ控除】 同左
控除上限	適用年度の調整前法人税額の20％	同左

　今回の改正により、「継続雇用者給与等支給額」ではなく、「雇用者給与等支給額」の増加割合によって適用要件を判定することとされた。

(3)　「他の者から支払を受ける金額」の範囲の見直しと明確化

　給与等の支給額から控除される「他の者から支払を受ける金額」の内容について、これまでは通達中に例示されているものの、法令上では範囲が明確にされていなかった。

今回の改正によりその範囲を明確化するとともに、給与等の支給額からは雇用安定助成金額（雇用調整助成金およびこれに類するもの）を控除しないこととされた（措法42の12の5③五）。

第 **2** 章

適用要件

本章では、本税制の適用を受けるための要件について、制度創設時から現在の税制に至るまでの適用要件の変遷を整理しておきたい。

第1節 平成25年度（創設当初）

　制度創設当初の適用要件は以下の通りであった。

摘　要	内　容
適用年度	平成25年4月1日から平成28年3月31日までの間に開始する各事業年度
適用要件①	雇用者給与等支給額が基準雇用者給与等支給額から5％以上増加していること。
適用要件②	雇用者給与等支給額が比較雇用者給与等支給額以上であること。
適用要件③	平均給与等支給額が比較平均給与等支給額以上であること。 ● 平均給与等支給額の計算の基礎となる給与等の支給額は、雇用者給与等支給額から日雇労働者に係る支給額を控除した金額とする。

第2節 平成26年度

　平成26年度の税制改正をふまえ、改正後の適用要件は以下の通りとなった。

摘　要	内　容
適用年度【改正】	平成25年4月1日から平成30年3月31日までの間に開始する各事業年度
適用要件①【改正】※経過措置あり（11ページ参照）	以下の事業年度の区分に応じ、雇用者給与等支給額が基準雇用者給与等支給額から以下の割合以上増加していること。 ● 平成27年4月1日より前に開始する事業年度：2％以上 ● 平成27年4月1日から平成28年3月31日までの間に開始する事業年度：3％以上 ● 平成28年4月1日から平成30年3月31日までの間に開始する事業年度：5％以上
適用要件②	雇用者給与等支給額が比較雇用者給与等支給額以上であること。
適用要件③【改正】	平均給与等支給額が比較平均給与等支給額を超えること。 ● 平均給与等支給額の計算の基礎となる給与等の支給額は、雇用者給与等支給額のうち継続雇用者に係る支給額（雇用保険一般被保険者に対するものに限り、継続雇用制度適用対象者に対するものを除く）とする。

第3節 平成27年度～平成28年度

　平成27年度の税制改正をふまえ、改正後の適用要件は以下の通りとなった。

摘　要	内　容
適用年度	平成25年 4 月 1 日から平成30年 3 月31日までの間に開始する各事業年度
適用要件① 【改正】	以下の事業年度の区分に応じ、雇用者給与等支給額が基準雇用者給与等支給額から以下の割合以上増加していること。 ●平成27年 4 月 1 日より前に開始する事業年度：2 ％以上 ●平成27年 4 月 1 日から平成28年 3 月31日までの間に開始する事業年度：3 ％以上 ●平成28年 4 月 1 日から平成29年 3 月31日までの間に開始する事業年度：4 ％以上（中小企業者等は 3 ％以上） ●平成29年 4 月 1 日から平成30年 3 月31日までの間に開始する事業年度：5 ％以上（中小企業者等は 3 ％以上）
適用要件②	雇用者給与等支給額が比較雇用者給与等支給額以上であること。
適用要件③	平均給与等支給額が比較平均給与等支給額を超えること。 ●平均給与等支給額の計算の基礎となる給与等の支給額は、雇用者給与等支給額のうち継続雇用者に係る支給額（雇用保険一般被保険者に対するものに限り、継続雇用制度適用対象者に対するものを除く）とする。

ここでは、適用要件①について、大企業と中小企業者等とで異なる水準が設定されている点に注目したい。これ以降の税制改正においても大企業向けと中小企業者等向けとで異なる適用要件が設定されるようになった。

第4節 平成29年度

　平成29年度の税制改正をふまえ、改正後の適用要件は次ページ表の通りとなった。

　平成29年度の税制改正では、上乗せ控除の制度が創設されたことに関連して適用要件の改正が行われたが、もともとの所得拡大促進税制の適用期限が到来する時期でもあり、結局のところ、1年しか適用されなかった。

摘　要	内　容
適用年度	平成25年 4 月 1 日から平成30年 3 月31日までの間に開始する各事業年度
適用要件①	以下の事業年度の区分に応じ、雇用者給与等支給額が基準雇用者給与等支給額から以下の割合以上増加していること。 ●平成27年 4 月 1 日より前に開始する事業年度： 2 ％以上 ●平成27年 4 月 1 日から平成28年 3 月31日までの間に開始する事業年度： 3 ％以上 ●平成28年 4 月 1 日から平成29年 3 月31日までの間に開始する事業年度： 4 ％以上（中小企業者等は 3 ％以上） ●平成29年 4 月 1 日から平成30年 3 月31日までの間に開始する事業年度： 5 ％以上（中小企業者等は 3 ％以上）
適用要件②	雇用者給与等支給額が比較雇用者給与等支給額以上であること。
適用要件③ 【改正】	〈中小企業者等〉 平均給与等支給額が比較平均給与等支給額を超えること。 〈大企業〉 平均給与等支給額が比較平均給与等支給額から 2 ％以上増加していること。 〈共通〉 ●平均給与等支給額の計算の基礎となる給与等の支給額は、雇用者給与等支給額のうち継続雇用者に係る支給額（雇用保険一般被保険者に対するものに限り、継続雇用制度適用対象者に対するものを除く）とする。

30　第 2 章　適用要件

さらに、税額控除の「上乗せ」を行うための要件は以下の通りである。

摘　要	内　容
上乗せ控除 要件	〈中小企業者等〉 平均給与等支給額が比較平均給与等支給額から2％以上増加していること。 〈大企業〉 なし

　このように、上乗せ控除のための要件が中小企業者等のみに要求されているのは、大企業では「2％以上増加」という要件が制度の適用要件として設定されており、上乗せ控除のためにさらなる増加幅を設定することまでは要求されなかったからと考えられる。

　したがって、大企業については、制度の適用要件を満たしていれば、自動的に上乗せ控除の適用も受けることができることとされた（ただし、上乗せ控除税額の算定方法は中小企業者等と大企業とで異なる）。

第5節 平成30年度～令和元年度

　平成30年度の税制改正では、所得拡大促進税制が「賃上げ・投資促進税制」として抜本的に改組され、給与等の引上げのみならず、一定の設備投資が行われた場合の税額控除制度として措置されることとなった。

　ただし中小企業者等については、給与等の引上げのみが適用要件とされ、設備投資の要件は大企業のみに適用されることとなったが、任意に大企業向けの制度の適用を受けることもできる（34ページ参照）。

　改正後の適用要件は以下の通りとなった。

摘　要	大企業	中小企業者等
適用年度 【改正】	平成30年4月1日から令和2年3月31日までの間に開始する各事業年度。	同左
適用要件① 【改正】 賃上げの要件	継続雇用者給与等支給額が継続雇用者比較給与等支給額から3％以上増加していること。	継続雇用者給与等支給額が継続雇用者比較給与等支給額から1.5％以上増加していること。
適用要件② 【新設】 設備投資の要件	国内設備投資額が当期償却費総額の90％以上であること。	──

　なお、改正前の制度の適用要件とされていた「比較雇用者給与等支給額」との比較は、改正後の制度では適用要件として定められるのではなく、上の適用要件①②を満たした場合であっても「雇用者給与等支給額

が比較雇用者給与等支給額以下である場合を除く（＝適用しない）」という表現に変更された（H30措法42の12の5①本文）。

改正後の制度では控除税額を比較雇用者給与等支給額からの増加額に基づき計算することとされたため、これを適用要件とする意味がなくなったものと考えられるが、実質的には適用要件として取り扱ってもよいだろう。

また、上乗せ控除の制度も大きく改組されたことに伴い、大企業と中小企業者等のそれぞれについて、上乗せ控除のための要件が以下の通り定められている。

要　　件	大 企 業	中小企業者等
継続雇用者給与等支給額の要件	——	【必須】 継続雇用者給与等支給額が継続雇用者比較給与等支給額から2.5％以上増加していること。
教育訓練費の要件	教育訓練費の額が比較教育訓練費の額から20％以上増加していること。	【選択】 教育訓練費の額が中小企業比較教育訓練費の額から10％以上増加していること。
経営力向上の要件	——	【選択】 当該事業年度終了の日までにおいて経営力向上計画（中小企業等経営強化法13条１項[1]）の認定を受けており、当該経営力向上計画に記載された経営力向上が確実に行われたことにつき一定の証明がされたものであること。

1　当時の条文番号。現在は17条１項。

このように、大企業については「教育訓練費の要件」を満たすことのみが求められているのに対し、中小企業者等については「継続雇用者給与等支給額の要件」を満たした上で、さらに「教育訓練費の要件」または「経営力向上の要件」のいずれか一つを満たすことが求められている。

　なお、中小企業者等は、任意に大企業向けの税額控除制度の適用を受けることができ、この場合の上乗せ控除率は20％となる（H30措法42の12の5②において「前項の規定の適用を受ける事業年度を除く」とあるが、これは中小企業者等も大企業向けの制度の適用を受けられることを前提とした表現である）。

　このときには、中小企業者等であっても、大企業向けの適用要件（賃上げの要件および設備投資の要件）並びに上乗せ控除の要件（教育訓練費の要件のみ）を満たさなければならない点に留意が必要である。

　中小企業者等にこのような選択適用が認められたのは、適用年度の教育訓練費の水準によっては、中小企業者等向けの教育訓練費の要件（前事業年度からの増加要件）を満たすことはできなくても、大企業向けの教育訓練費の要件（過去2年平均の金額からの増加要件）を満たすという状況が想定され、その場合には、上乗せ控除率は低くなるが大企業向けの制度の適用を認める（ただし大企業向けの適用要件の充足が必要）ことにより、広く人材投資の促進機会を確保できるためと考えられる。

➡ 補　足

経営力向上計画に関する証明について

(1)　経営力向上計画の意義

　「経営力向上」とは、事業者が、事業活動に有用な知識または技能を有する人材の育成、財務内容の分析の結果の活用、商品または役務の需要の動向に関する情報の活用、経営能率の向上のための情報システムの構築その他の、経営資源を高度に利用する方法を導入して事業活動を行

うことにより、経営能力を強化し、経営の向上を図ることをいう（中小企業等経営強化法2⑪）。

　そして、中小企業者等の上乗せ控除制度の適用要件として用いられている「経営力向上計画」とは、同法第17条に定める「経営力向上計画」であり、具体的には以下の事項を記載したものである（同法17②）。

---

① 経営力向上の目標
② 経営力向上による経営の向上の程度を示す指標
③ 経営力向上の内容および実施時期
④ 経営力向上を実施するために必要な資金の額およびその調達方法
⑤ 経営力向上設備等の種類

　中小企業者等は、上の事項を記載した経営力向上計画を主務大臣（経済産業大臣）に提出して、その経営力向上計画が適当である旨の認定を受けることができる（同法17①）。認定を受けた場合、主務大臣から、計画認定書および計画申請書の写しが交付される。

　経営力向上計画を含めた本制度の詳細なガイドラインについては、中小企業庁のホームページ[2]に掲載されている。

(2)　「経営力向上が確実に行われたこと」の意義

　「経営力向上が確実に行われたこと」とは、経営力向上計画に記載した指標につき、経営力向上のための取組みの実施期間中に所定の目標に向けて指標が向上していることをいい、具体的には、経済産業大臣に対して提出する「経営力向上が行われたことに関する報告書[3]」によって明

2　中小企業庁 経営サポート「経営強化法による支援」
　　http://www.chusho.meti.go.jp/keiei/kyoka/index.html

3　中小企業庁 経営力向上計画申請プラットフォーム
　　https://www.keieiryoku.go.jp

らかにするものと考えられる。

　経営力向上計画に係る認定申請書には「経営力向上の目標及び経営力向上による経営の向上の程度を示す指標」を記載することとされ、その指標は、経営力向上計画に係る事業の属する事業分野において事業分野別指針が定められている場合にはその指標を記載することとし、定められていない場合（基本方針にしたがって策定する場合）には労働生産性とすることとされている（中小企業庁「―中小企業等経営強化法― 経営力向上計画策定の手引き（令和3年8月6日)」記載要領5）。

【例　事業分野別指針に定められている指標】

事業分野	経営の向上の程度を示す指針
製造業	【選択】 労働生産性、売上高経常利益率、付加価値額
卸・小売業	労働生産性
外食・中食産業	時間当たりの労働生産性
旅館業	時間当たりの労働生産性
貨物自動車運送事業	【選択】 運転手の平均労働時間、積載効率、実車率、実働率
船舶産業	労働生産性
建設業	〈【基本方針】＋【推奨】or【簡易】〉 【基本方針】 (営業利益＋人件費＋減価償却費)÷労働投入量 【推奨】 (完成工事総利益＋完成工事原価のうち労務費＋完成工事原価のうち外注費)÷年間延人工数 【簡易】 (完成工事総利益＋完成工事原価のうち労務費)÷直庸技能労働者数
有線テレビジョン放送業	【選択】 労働生産性、光回線化増加率

事業分野	経営の向上の程度を示す指針
電気通信事業（分野）	【選択】 労働生産性、売上高経常利益率、 IPv 6 への対応率
不動産業	労働生産性
地上基幹放送事業 （分野）	【選択】 労働生産性、売上高経常利益率
石油卸売業・ 燃料小売業	【選択】 労働生産性、売上高経常利益率、付加価値額
旅客自動車運送事業	【選択】 労働生産性 or 実働率 or 実車率、 運転者の平均労働時間（減少率）、 日車営収 or 平均乗車密度 （増加率）
職業紹介事業・ 労働者派遣事業	労働生産性
学習塾業	労働生産性
農業（分野）	労働生産性

（経済産業省「事業分野別指針の概要について」（令和 3 年 9 月））

ここで「労働生産性」は、以下の式によって算定される。

（営業利益＋人件費＋減価償却費）÷労働投入量
※労働投入量＝労働者数または 1 人当たり年間就業時間

（3）　添付書類

　経営力向上に係る要件を満たしているものとして上乗せ控除制度の適用を受けようとする場合には、これらの規定の適用を受ける事業年度の確定申告書等に、経営力向上が確実に行われたことを証する書類として次のものを添付する必要がある（措規20の10①）。

● 経営力向上計画の写し
　➡ 「経営力向上計画に係る認定申請書」の写し

● 当該経営力向上計画に係る認定書の写し
　➡ 「計画認定書」（原本）の写し

● 当該経営力向上計画に従って行われる経営力向上に係る事業の実施状況につき経済産業大臣に報告した内容が確認できる書類（当該経営力向上が行われたことが当該経営力向上計画に記載された指標（経済産業大臣が認めるものに限る）の値により確認できるものに限る）
　➡ 「経営力向上計画に係る実施状況報告書」の写し
　➡ Webフォームによる報告システムを利用して作成・提出したものを添付

第6節 令和2年度

　令和2年度の税制改正では、「賃上げ・投資促進税制」の適用要件①（設備投資の要件）のみが改正された。

　もともと同制度の適用は令和2年度が最終年度とされていたから、結局のところ1年しか適用されなかった。

摘　要	大企業	中小企業者等
適用年度	令和2年4月1日から令和3年3月31日までの間に開始する各事業年度	同左
適用要件① （賃上げの要件）	継続雇用者給与等支給額が継続雇用者比較給与等支給額から3％以上増加していること	継続雇用者給与等支給額が継続雇用者比較給与等支給額から1.5％以上増加していること
適用要件② 【改正】 （設備投資の要件）	国内設備投資額が当期償却費総額の95％以上であること。	――――

第7節 令和3年度～令和4年度

　令和3年度の税制改正では、「賃上げ・投資促進税制」が「人材確保等促進税制」として抜本的に改組され、従来の（会社全体の）賃上げ幅に対する税額控除制度から新規雇用者に対する給与支給額に対する税額控除制度へと生まれ変わった。

　これに対して中小企業者等向けの「所得拡大促進税制」については、制度の枠組みを維持しつつ、適用要件の見直しが行われたところである。

　改正後の適用要件は以下の通りとなった。

摘　要	人材確保等促進税制	所得拡大促進税制
適用年度	令和3年4月1日から令和5年3月31日までの間に開始する各事業年度。	同左
適用要件 （賃上げの要件）	新規雇用者給与等支給額が新規雇用者比較給与等支給額から2％以上増加していること。	雇用者給与等支給額が比較雇用者給与等支給額から1.5％以上増加していること。

　賃上げ・投資促進税制から人材確保等促進税制への改組に伴い、設備投資に係る適用要件が廃止された。また、「新規雇用者給与等支給額が前年度比で増加していること」という要件は、特定の雇用者について前年度からの賃上げを求めているものではなく、毎年の「新規雇用者」に対する給与等支給額の増加を求めているということである。すなわち、

41

新規雇用者の採用を拡大していかなければこの適用要件を満たすことは難しいと理解する必要があろう。

一方、所得拡大促進税制の適用要件については、従来の「継続雇用者給与等支給額」を用いた判定から「雇用者給与等支給額」を用いた判定に変更された。これにより、基本的には全社ベースで給与総額が増加していれば本税制を適用できる可能性が高く、改正前に比べて要件を満たしやすくなったといえる。

なお、いずれの税制の控除税額の計算上、「雇用者給与等支給額から比較雇用者給与等支給額を控除した金額」（調整雇用者給与等支給増加額）が計算の上限とされていることから（措法42の12の5③四、十二）、「雇用者給与等支給額が比較雇用者給与等支給額以上であること」というかつての適用要件は現時点でも実質的に維持されていると考えてよさそうである。

また、上乗せ控除のための要件も以下の通り改正されている。

摘　要	人材確保等促進税制	所得拡大促進税制
賃上げの要件	———	【必須要件】 雇用者給与等支給額が比較雇用者給与等支給額から2.5%以上増加していること。
		【選択要件】 以下のいずれかの要件を満たすこと。
教育訓練費の要件	教育訓練費の額が比較教育訓練費の額から20%以上増加していること。	● 教育訓練費の額が比較教育訓練費の額から10%以上増加していること。
経営力向上の要件	———	● 当該事業年度終了の日までにおいて経営力向上計画（中小企業等経営強化法17条1項）の認定を受けており、当該経営力向上計画に記載された経営力向上が確実に行われたことにつき一定の証明がされたものであること。

　人材確保等促進税制における上乗せ控除のための要件は、賃上げ・投資促進税制における要件から変更されていない。

　これに対し、所得拡大促進税制における上乗せ控除のための要件には2つの改正点が含まれている。第一に、改正前は必須の要件として「継続雇用者給与等支給額の要件」があったが、改正後の制度では廃止された。これは、税額控除の適用要件として継続雇用者給与等支給額を使用しないこととされたことに伴う措置である。これに代わり、雇用者給与

等支給額が前年度比で2.5％以上増加していることが求められることとなった。第二に、教育訓練費の要件について改正前は「中小企業比較教育訓練費」からの増加要件が定められていたが、この概念が廃止されたため、（人材確保等促進税制における教育訓練費の要件と同じく）比較教育訓練費からの増加要件に変更されている。なお、経営力向上の要件は変更されていない。

第3章

特定税額控除規定の
適用停止措置

第1節 概要

　平成30年4月1日から令和6年3月31日までの間に開始する事業年度（対象年度）において、以下のすべての要件を満たす企業（適用除外事業者に該当しない中小企業者等を除く）は、賃上げおよび設備投資に消極的な企業であるとして、一定の税額控除に関する租税特別措置（特定税額控除規定）の適用が停止されることとなった（措法42の13⑥、措令27の13⑧）。

---

① 特定対象年度（適用年度）の所得金額が前事業年度の所得金額を超えること[1]

② 継続雇用者給与等支給額が継続雇用者比較給与等支給額以下であること

③ 国内設備投資額が当期償却費総額の30％相当額以下であること

　これらの要件はもともと、改正前の賃上げ・投資促進税制における適用要件（賃上げおよび設備投資に係る要件）に対応する形で定められたものである。

1　条文上は適用要件として定められたものではないが、特定対象年度の所得金額が前事業年度の所得金額以下である場合には本措置の適用から除外されることとなるため、便宜的に適用要件の一つとして含めたものである。

【参考】賃上げ・投資促進税制における適用要件との関連

	賃上げ・投資促進税制 （令和2年度改正後）	特定税額控除規定の適用停止措置 （以下のいずれにも該当しない場合）
賃上げの 要件	継続雇用者給与等支給額が継続雇用者比較給与等支給額の2.5％以上増加していること。	継続雇用者給与等支給額が継続雇用者比較給与等支給額を超えること。
設備投資 の要件	国内設備投資額が当期償却費総額の95％以上であること。	国内設備投資額が当期償却費総額の30％相当額[2]を超えること。

　上表の「継続雇用者給与等支給額」、「継続雇用者比較給与等支給額」、「国内設備投資額」および「当期償却費総額」の定義は、賃上げ・投資促進税制における用語の定義とおおむね同じであるが、令和3年度の税制改正によって同税制の適用要件が抜本的に見直された際にこれらの定義規定（R2措法42の12の5③六～九）が削除されたことに伴い、特定税額控除規定の適用停止措置の条文内で改めて定義が示されることとなった（措法42の13⑥、措令27の13③～⑦、措規20の10の4）。なお、賃上げ・投資促進税制における用語の定義については、第5章第2節❸～❺を参照されたい。

　定義が変更されたのは、継続雇用者給与等支給額および継続雇用者比較給与等支給額の算定上控除される「他の者から支払を受ける金額」の範囲から、雇用安定助成金額が除かれることとなった点である（措法42の13⑥一イ、措通42の13-4[3]）。

2　令和2年度の税制改正により割合が改正された（改正前：10％）。

3　措通42の12の5-2の2と同内容である。

第2節　適用が停止される特定税額控除規定

　以下の税額控除の規定の適用が停止される（措法42の12⑥）。

条文（租税特別措置法）	対象となる制度
第42条の4第1項	研究開発税制（試験研究費の税額控除）
第42条の4第7項	研究開発税制 （特別試験研究費の税額控除）
第42条の11の2第2項	地域未来投資促進税制（税額控除）
第42条の12の6第2項	5G導入促進税制（税額控除）
第42条の12の7第4項、第5項	DX投資促進税制（税額控除）
第42条の12の7第6項	カーボンニュートラル投資促進税制 （税額控除）

第3節 申告書記載例

　この規定の適用により、一定の租税特別措置の適用が停止されるかどうかの要件を判断するための法人税申告書別表6（7）（特定税額控除規定の適用可否の判定に関する明細書）が用意されている。

　記載例は次に示す通りであるが、3つの要件のすべて（3欄、7欄および10欄）が「非該当」となった場合には、上表に掲げる特定税額控除規定の適用が停止されることとなる。

別表6⑺ 【記載例】

特定税額控除規定の適用可否の判定に関する明細書

事業年度	3・4・1 4・3・31	法人名	株式会社ＡＢＣ

別表六(七) 令三・四・一以後終了事業年度分

継続雇用者給与等支給額に係る要件	継続雇用者給与等支給額 (17の①)	1	89,931,015 円
	継続雇用者比較給与等支給額 (17の②)又は(17の③)	2	91,577,594 円
	((1)＞(2))又は((1)＝(2)＝0)	3	該当・(非該当)
国内設備投資額に係る要件	国内設備投資額	4	2,500,000 円
	当期償却費総額 (20)	5	28,641,890
	当期償却費総額の30％相当額 (5)×$\frac{30}{100}$	6	8,592,567
	(4)＞(6)	7	該当・(非該当)

所得金額に係る要件	特定対象年度の基準所得等金額	8	159,044,010 円
	前事業年度等の基準所得等金額の合計額	9	127,090,221
	(8)≦(9)	10	該当・(非該当)

継続雇用者給与等支給額及び継続雇用者比較給与等支給額の計算

		継続雇用者給与等支給額の計算	継続雇用者比較給与等支給額の計算	
		当期 ①	前事業年度等 ②	前一年事業年度等特定期間 ③
事業年度等又は連結事業年度等	11		2・4・1 3・3・31	・・ ・・
継続雇用者に対する給与等の支給額	12	103,158,180 円	101,235,823 円	円
同上の給与等に充てるため他の者から支払を受ける金額	13	13,227,165	9,658,229	
同上のうち雇用安定助成金額	14			
差引 ((12)－(13))又は((12)－(13)＋(14))	15	89,931,015	91,577,594	
$\frac{当期の月数}{(11の③)の月数}$	16			
継続雇用者給与等支給額及び継続雇用者比較給与等支給額 (15)又は((15)×(16))	17	89,931,015 円	91,577,594 円	円

当期償却費総額の計算

損益計算書に計上された減価償却費の額	18	22,741,890 円	当期償却費総額 (18)＋(19)	20	28,641,890 円
剰余金の処分の方法により特別償却準備金として積み立てた金額その他上記以外の金額	19	5,900,000			

51

第4章

用語の定義

第1節 制度ごとの用語の整理

　本書では平成25年度の税制改正で創設された所得拡大促進税制からの改正経緯を説明している関係上、制定当初の所得拡大促進税制から令和3年度の税制改正で抜本改組された人材確保等促進税制まで、それらすべての制度を説明の対象に含めている。そのため本書には、過去の税制改正において既に廃止された用語や、定義が変更された用語も含まれている。

　そこで本節では、用語の誤用を防ぐため、あらかじめ制度ごとの用語を次ページ表のとおり整理したうえで、次節以降詳細に説明を加えることとする。

場　所		制度の名称	用　語
第4章	第2節	各制度に共通	国内雇用者 給与等 他の者から支払を受ける金額 雇用安定助成金額 調整雇用者給与等支給増加額 教育訓練費の額 比較教育訓練費の額
	第3節	人材確保等促進税制	国内新規雇用者 新規雇用者給与等支給額 新規雇用者比較給与等支給額 控除対象新規雇用者給与等支給額
	第4節	所得拡大促進税制	雇用者給与等支給額 比較雇用者給与等支給額 控除対象雇用者給与等支給増加額 中小企業者等
第5章	第1節	所得拡大促進税制 【平成30年度税制改正前の旧制度】	雇用者給与等支給額（改正前） 比較雇用者給与等支給額（改正前） 基準雇用者給与等支給額 平均給与等支給額 比較平均給与等支給額
	第2節	賃上げ・投資促進税制 【令和3年度税制改正前の旧制度】	継続雇用者給与等支給額 継続雇用者比較給与等支給額 国内設備投資額 当期償却費総額 比較教育訓練費の額（改正前） 中小企業比較教育訓練費の額

第2節 各制度に共通の用語の定義

1 国内雇用者

　法人の使用人（法人の役員、その役員の特殊関係者および使用人兼務役員を除く）のうち、その法人の有する国内の事業所に勤務する一定の雇用者をいう（措法42の12の5③九）。

　ここで、使用人から除かれる役員の特殊関係者の範囲は以下の通りである（措令27の12の5⑰）。

---
① 役員（法法2条15号に定める役員をいう）の親族[1]
② 役員と婚姻の届出をしていないが事実上婚姻関係と同様の事情にある者
③ ①②以外の者で役員から生計の支援を受けているもの
④ ①②と生計を一にするこれらの者の親族

　ここで「国内の事業所に勤務する一定の雇用者」とは、その法人の国内に所在する事業所につき作成された労働基準法第108条に規定する賃金台帳に記載された者をいう（措令27の12の5⑱）。

　労働基準法第108条では、「使用者は、各事業場ごとに賃金台帳を調製し、賃金計算の基礎となる事項及び賃金の額その他厚生労働省令で定める事項を賃金支払の都度遅滞なく記入しなければならない」と定めていることから、賃金台帳は国内事業所に勤務して賃金の支払を受ける全ての労働者について作成されることとなる。

1　6親等内の血族、配偶者、3親等内の姻族までが該当する。

さらに「労働者」とは、職業の種類を問わず、事業または事務所に使用される者で、賃金を支払われる者をいうから（労基法9）、「雇用者給与等支給額」の対象となる「一定の雇用者」の範囲は、正社員のみならず、嘱託社員、パートタイマー、アルバイト、日雇い労働者など、雇用形態とは無関係に幅広く捉えることとなる。

2 給与等

　本税制における給与等とは、所得税法第28条第1項（給与所得）に規定する給与等をいい（措法42の12の5③三）、具体的には、俸給、給料、賃金、歳費および賞与並びにこれらの性質を有する給与をいう。したがって、名義や支給形態のいかんを問わず、給与の性質を有するものは広く含まれることとなる。なお、退職金は給与所得課税の対象とはならないことから、給与等には含まれない。

　詳細な定義は後述するが、本税制の適用に当たり用いられる給与等の支給額は、本税制を適用する事業年度（適用年度）の所得の金額の計算上損金の額に算入されるものに限られる。すなわち、未払給与は計上時に損金算入されるものであるから適用年度の給与等支給額に含めることとなり、前払給与は計上時に損金算入されないものであるから適用年度の給与等支給額には含まれないこととなる。

　以上より「給与等」は、原則として①給与課税されるものであること、および②損金算入されるものであること、という2つの要件を満たすことが必要であるが、事務負担に配慮して、継続適用を要件として以下のような取扱いも認められている。

〈例外①〉給与課税されないもの

　賃金台帳に記載された支給額に含まれている非課税通勤手当の金額に

ついては、所得税法上給与所得とはならない（所法9①五）ことから、原則的な取扱いによれば給与等の支給額の計算上除外しなければならないが、例えば、「賃金台帳に記載された支給額（非課税通勤手当を含む）のみを対象として国内雇用者に対する給与等の支給額を計算する」など、合理的な方法により継続して国内雇用者に対する給与等の支給額を計算している場合には、これを認めることとされている（措通42の12の5－1の3）。

〈例外②〉損金算入されないもの

自己の製造等に係る棚卸資産の取得価額に算入された給与等の額や、自己の製作に係るソフトウェアの取得価額に算入された給与等の額については、その支払いの生じた事業年度において当該法人の所得の金額の計算上損金の額に算入されていないことから、原則的な取扱いによれば給与等の支給額の計算上除外しなければならないが、法人が継続してその給与等を支給した日の属する事業年度の国内雇用者に対する給与等の支給額に含めることとしている場合には、その計算を認めることとされている（措通42の12の5－4）。

【ケーススタディー】

以下の諸手当は、「給与等」の範囲に含まれるか。

〈ケース1〉
　業務上の怪我により休職している社員に対して支給される「休業手当」

〈ケース2〉
　業績悪化に伴い自宅待機させた社員に対して支給される「休業手当」

〈ケース3〉
　就業規則に定められている「産休・育休制度」を利用して休職してい

る社員に対して支給される「休業手当」

〈ケース4〉

　やむを得ない事情で従業員を解雇せざるを得ないこととなり、労働基準法の規定に従い支払われる「解雇予告手当」

【回答】

　ケース1：該当しない

　ケース2：該当する

　ケース3：該当する

　ケース4：該当しない

【解説】

〈ケース1〉

　業務上の怪我により休職している社員に対して支払われる「休業手当」は、労働基準法第76条に定める「休業補償」に該当する。

(労働基準法)

第75条

1．労働者が業務上負傷し、又は疾病にかかった場合においては、使用者は、その費用で必要な療養を行い、又は必要な療養の費用を負担しなければならない。

2．(省略)

第76条

1．労働者が前条の規定による療養のため、労働することができないために賃金を受けない場合においては、使用者は、労働者の療養中平均賃金の100分の60の休業補償を行わなければならない。

2．(省略)

3．(省略)

同条に定める「休業補償」はまさに「補償」であって、業務疾病等に起因して労働不能状況に陥ったことに対する「償い（賠償）」としての性質を有するものである。このように、労働基準法第76条の規定に基づく「休業補償」は、所得税法上は非課税所得とされている（所法９①三イ、所令20①二）。

　なお、労働基準法では平均賃金の60％の休業補償を定めているが、企業独自の判断として、60％を超える休業補償を行うケースも考えられる（付加給付金）。この場合にあっても、その本質は「補償」である以上、付加給付金も含めた総支給額が通常支給されるべき賃金の範囲内であることなど、補償額として相当なものであれば非課税所得となる。

　したがって、本ケースにおける「休業手当」は、「給与等」には該当しない。

〈ケース２〉

　業績悪化に伴い自宅待機を余儀なくされる場合等、使用者責任により労働者環境を奪われ休業に至る場合には、労働基準法第26条の定めに従い「休業手当」を支払わなければならない。

（労働基準法）
第26条
　使用者の責に帰すべき事由による休業の場合においては、使用者は、休業期間中当該労働者に、その平均賃金の100分の60以上の手当を支払わなければならない。

　同条に定める「休業手当」は、〈ケース１〉の「休業補償」とは異なり、本来であれば労働力の提供対価として受け取るべき賃金について、使用者側の都合で休業することとなった労働者の生活保障を図るため使用者

側に支払が義務づけられたものであり、「賃金」の性質を有するものである。このため、労働基準法第26条に定める「休業手当」は給与所得として課税されることとなる。

したがって、本ケースにおける「休業手当」は、「給与等」に該当する[2]。

なお、景気変動等の理由により一時的な雇用調整を行った事業者については、従業員の雇用を維持する場合には雇用調整助成金の支給を受けることができる。

本税制の適用上、雇用調整助成金は「雇用安定助成金額」に該当し、控除対象新規雇用者給与等支給額（➡第3節④）および調整雇用者給与等支給増加額（➡第2節⑤）の計算上はこれを控除する必要がある点に留意が必要である（措通42の12の5-2 の 2(1)）。

〈ケース3〉

会社の福利厚生制度の一環として「産休・育休制度」が定められ、これに基づき支払を受ける休業手当など、労働基準法第26条および第76条のいずれにも該当しない休業手当は、一般的な取扱いにより給与所得として課税されることとなる。

したがって、本ケースにおける「休業手当」は、「給与等」に該当する。

〈ケース4〉

使用者が労働基準法第20条（解雇の予告）の規定による予告をしないで使用人を解雇する場合に、その使用者から支払われる「解雇予告手当」は、退職所得とされる。

---

2 労働基準法の休業手当等の課税関係（所得税）については、国税庁 タックスアンサー「No.1905 労働基準法の休業手当等の課税関係」にも掲載されている。

> （労働基準法）
> 第20条
> 1．使用者は、労働者を解雇しようとする場合においては、少くとも30日前にその予告をしなければならない。30日前に予告をしない使用者は、30日分以上の平均賃金を支払わなければならない。但し、天災事変その他やむを得ない事由のために事業の継続が不可能となった場合又は労働者の責に帰すべき事由に基いて解雇する場合においては、この限りでない。
> 2．（省略）
> 3．（省略）

　このように「解雇予告手当」は給与所得ではなく退職所得として取り扱われることから、「給与等」には該当しない。

3 他の者から支払を受ける金額

　給与等の支給額からは、「その給与等に充てるため他の者から支払を受ける金額」を除くこととされている（措法42の12の5③四～六、十、十一）。これは、本税制が給与等支給額を基礎として一定額の税額控除を行う制度であることから、課税の公平を確保するためにはその法人の実質的な負担にならない部分を除く必要があるからである。

　「他の者から支払を受ける金額」には、例えば次に掲げる金額が含まれる（措通42の12の5－2）。

① 補助金、助成金、給付金または負担金その他これらに準ずるもの（以下「補助金等」という）の要綱、要領または契約において、その補助金等の交付の趣旨または目的がその交付を受ける法人の給与等の支給額に係る負担を軽減させることであることが明らかにされている場合のその補助金等の交付額

② ①以外の補助金等の交付額で、資産の譲渡、資産の貸付けおよび役務の提供に係る反対給付としての交付額に該当しないもののうち、その算定方法が給与等の支給実績または支給単価（雇用契約において時間、日、月、年ごとにあらかじめ決められている給与等の支給額をいう）を基礎として定められているもの[3]

③ ①および②以外の補助金等の交付額で、法人の使用人が他の法人に出向した場合において、その出向者に対する給与を出向元法人が支給することとしているときに、出向元法人が出向先法人から支払を受けた給与負担金の額[4]

3　令和3年6月25日改正前の措置法通達42の12の5−2では、「雇用保険法施行規則第110条に規定する特定就職困難者コース助成金、労働施策の総合的な推進並びに労働者の雇用の安定および職業生活の充実等に関する法律施行規則第6条の2に規定する特定求職者雇用開発助成金など、労働者の雇入れ人数に応じて国等から支給を受けた助成金の額」とされていたものであり、これらはおおむねこの②の補助金等に該当する。

4　出向先法人が出向元法人への出向者に係る給与負担金を支出する場合において、当該出向先法人の国内事業所につき作成された賃金台帳に当該出向者を記載しているときは、当該給与負担金の額は「給与等の支給額」に含まれる（措通42の12の5−3）。

経済産業省より公表されている『「人材確保等促進税制」御利用ガイ
ドブック』（令和 3 年 8 月30日改訂版）によれば、上記①および②に掲げ
る補助金等の例示として、以下のものが示されている。

区　分	例　示
補助金等の例示①	・業務改善補助金 [5]
補助金等の例示②	・雇用調整助成金 ・緊急雇用安定助成金 ・産業雇用安定助成金 ・労働移動支援助成金（早期雇入れコース） ・キャリアアップ助成金（正社員化コース） ・特定求職者雇用開発助成金（就職氷河期世代安定雇用実現コース） ・特定求職者雇用開発助成金（特定就職困難者コース）

　もちろん上表の例示は限定列挙ではないから、これ以外にも同様の性
質の補助金等は広く該当することとなる。

　この点、②の補助金等の例として示されているものは、厚生労働省の
ホームページ「事業主のための雇用関係助成金」の一覧[6]に含まれており、
主に「1. 雇用維持関係の助成金」「2. 再就職支援関係の助成金」
「4. 雇入れ関係の助成金」に掲載されているものが多いことに注目し
たい。

5　中小企業・小規模事業者の生産性向上を支援し、事業所内で最も低い賃金の引き上げを図るための制度で、生産性向上のための設備投資などを行い、事業所内最低賃金を一定以上引き上げた場合、その設備投資などにかかった費用の一部を助成するもの（厚生労働省ＨＰより）。

6　https://www.mhlw.go.jp/stf/seisakunitsuite/bunya/koyou_roudou/koyou/kyufukin/index.html

これらの共通項としては、助成対象となる取組みとして「新規の正社員雇用」につながっているかどうかがポイントとなっているように思われる。

　助成金の制度は時宜に即して頻繁に設定廃止が繰り返されるものであるから、本税制の適用上考慮すべき助成金に該当するかどうかは、その助成金の交付要領等をふまえて慎重に検討することが求められる。

4 雇用安定助成金額

　雇用安定助成金額とは、国または地方公共団体から受ける雇用保険法第62条第1項第1号に掲げる事業として支給が行われる助成金その他これに類するものの額をいう（措法42の12の5③四イ）。

　雇用保険法第62条第1項第1号には「景気の変動、産業構造の変化その他の経済上の理由により事業活動の縮小を余儀なくされた場合において、労働者を休業させる事業主その他労働者の雇用の安定を図るために必要な措置を講ずる事業主に対して、必要な助成および援助を行うこと」と規定されており、これに係る助成金としては以下のものが含まれる（措通42の12の5－2の2）。

① 雇用調整助成金、産業雇用安定助成金または緊急雇用安定助成金の額
② ①に上乗せして支給される助成金の額
③ ①に準じて地方公共団体から支給される助成金の額

　なお、新型コロナウイルス感染症対応休業支援金・給付金は、新型コロナウイルス感染症およびそのまん延防止の措置の影響により休業させられた労働者のうち、休業手当の支払いを受けることができなかった者に対し、その労働者の申請により勤務先を通さずに給付されるものであり、法人が支給する給与等に充てるものに該当しないことから、考慮す

る必要はない。

　平成25年度の制度創設当初から、雇用調整助成金をはじめとする「雇用安定助成金額」が「他の者から支払を受ける金額」に含まれることは通達上で明らかにされていたが、令和3年度の税制改正によって雇用安定助成金額の範囲が法律上明確化された。

　そのうえで、本税制の適用要件の判断指標となる新規雇用者給与等支給額（⇒第3節❷）、新規雇用者比較給与等支給額（⇒第3節❸）、雇用者給与等支給額（⇒第4節❶）および比較雇用者給与等支給額（⇒第4節❷）の算定上は、雇用安定助成金額を控除しないこととされた。

　雇用安定助成金額をこれらの給与等の支給額から控除しないこととされるのは、従業員の支給を受ける給与等が助成金を原資とするものから法人の自己負担に変わっただけで、その額が増加していない場合にまで増加したとして要件判定することが本制度の目的の一つである従業員の所得の拡大という目的にそぐわないことによる[7]。

　これに対して、控除税額の計算基礎となる控除対象新規雇用者給与等支給額（⇒第3節❹）および調整雇用者給与等支給増加額（⇒本節❺）の算定に当たっては、雇用安定助成金額を控除することとされている（措法42の12の5③四）。

　このように計算要素によって雇用安定助成金額の控除要否が異なるため、計算を誤らないように注意が必要な項目と思われる（次ページ図参照）。

7　財務省「令和3年度税制改正の解説」p.514

【雇用安定助成金額の取扱い】

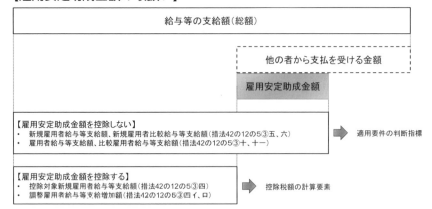

5 調整雇用者給与等支給増加額

　調整雇用者給与等支給増加額とは、調整雇用者給与等支給額から調整比較雇用者給与等支給額を控除した金額をいい（措法42の12の5③四）、従来の賃上げ・投資促進税制または所得拡大促進税制における控除税額の計算基礎となる金額と同様の算定方法によっている。

　この金額は、本制度による控除税額の計算基礎となる控除対象新規雇用者給与等支給額（⇒第3節❹）または控除対象雇用者給与等支給増加額（⇒第4節❸）の上限値として機能するものである。すなわち、人材確保等促進税制であれ所得拡大促進税制であれ、控除税額の最大は調整雇用者給与等支給増加額の15％（上乗せ控除の適用を受ける場合には、制度によって20％または25％）相当額まで、ということになる。したがって、調整雇用者給与等支給額が前年度から増加していない限り、本税制による税額控除の適用は受けられないということになるから、両税制に共通の潜在的な適用要件として考えることもできる。

　ここで調整雇用者等給与支給額とは、雇用者給与等支給額（⇒第4節❶）からさらに雇用安定助成金額（⇒本節❹）を控除した金額をいい（措

法42の12の5③四イ)、調整比較雇用者給与等支給額とは、比較雇用者給
与等支給額（⇒第4節**2**）からさらに雇用安定助成金額を控除した金額
をいう（措法42の12の5③四ロ)[8]。

　雇用者給与等支給額および比較雇用者給与等支給額の定義上は「他の
者から支払を受ける金額（雇用安定助成金額を除く）」を控除すること
とされているが（措法42の12の5③十、十一）、ここからさらに雇用安定助
成金額も控除するということによって、調整雇用者給与等支給額および
調整比較雇用者給与等支給額（さらには調整雇用者給与等支給増加額）か
らは「他の者から支払を受ける金額」がすべて控除されることになる（**4**
の図を参照)。

6 教育訓練費の額、比較教育訓練費の額 ||||

(1) 「教育訓練費」の意義

　本税制における教育訓練費とは、法人がその国内雇用者の職務に必要
な技術または知識を習得させ、または向上させるために支出する一定の

---

8 「調整雇用者給与等支給額」および「調整比較雇用者給与等支給額」という単語
　は法人税申告書別表上で用いられているもので、条文上の用語ではない。条文（措
　法42の12の5③四）では単に「雇用者給与等支給額」および「比較雇用者給与
　等支給額」とされ、ここに「……雇用安定助成金額がある場合には、当該雇用
　安定助成金額を控除した金額」というカッコ書きが追加されているのである。
　　同一の用語でもカッコ書きの有無によって異なる内容を示すこととなるから、
　申告書では別の用語を設けたものと考えられるが、これは制度を理解する上で
　は必要な配慮であるから、本書でも「調整雇用者給与等支給額」および「調整
　比較雇用者給与等支給額」という単語を用いることとした。
　　経済産業省から公表されている『「人材確保等促進税制」よくある御質問　Q＆A集
　（令和3年8月30日改訂版）』のQ12（雇用安定助成金額とは）の回答には、「雇用者給
　与等支給額、控除対象新規雇用者給与等支給額の計算において、雇用安定助成金額は、
　(中略)その額から控除されます。」との記載があるが、ここでいう「雇用者給与等支給額」
　は「調整雇用者給与等支給額」のことを指している点に留意が必要である。

69

費用をいい（措法42の12の5③七）、具体的には以下のような費用が該当する（措令27の12の5⑬、措規20の10④～⑥）。

摘　　要	教育訓練費の具体的内容
自社で教育訓練等を行う場合の費用	●講師等（当該法人の役員または使用人を除く）に対する報酬等、旅費のうち当該法人が負担するもの ●研修プログラムや研修資料等の作成について専門家（当該法人の役員または使用人を除く）に委託している場合の委託費等 ●教育訓練等のための施設、設備等に係る賃借料 ●教育訓練等に用いるコンテンツの使用料
他者[9]に委託して教育訓練等を行わせる場合の費用	●教育訓練等の委託費
他者の行う教育訓練等に参加させる場合の費用	●授業料、受講料、受験手数料その他の費用（教育訓練等の対価として支払うもの）

また、教育訓練費とならない費用についても、経済産業省から公表されているガイドブックの中で、以下のように明示されている。

●法人等がその使用人または役員に支払う教育訓練中の人件費、報奨金等
●教育訓練等に関連する旅費、交通費、食費、宿泊費、居住費（研修の参加に必要な交通費やホテル代、海外留学時の居住費等）
●福利厚生目的など教育訓練以外を目的として実施する場合の費用

9　その法人との間に連結完全支配関係がある他の連結法人およびその法人が外国法人である場合の本店等を含む。

- 法人等が所有する施設等の使用に要する費用（光熱費、維持管理費等）
- 法人等の施設等の取得等に要する費用（当該施設等に係る減価償却費等を含む）
- 教材の購入・製作に要する費用（教材となるソフトウェアやコンテンツの開発費を含む）
- 教育訓練の直接費用でない大学等への寄附金、保険料等

経済産業省『「人材確保等促進税制」御利用ガイドブック』（令和3年8月30日改訂版）p.11より引用。

　上で示された教育訓練費の範囲は、平成17年4月1日から平成20年3月31日まで（中小企業者等については平成24年3月31日まで）の間に開始する事業年度において適用されていた「人材投資促進税制」（教育訓練費が増加した場合の法人税額の特別控除）における教育訓練費の範囲とほぼ同じであるが、当時の制度で含まれていた「教科書その他の教材費」（H17措令27の12③四）は除外されている。

　なお、対象となる教育訓練等は「国内雇用者」に対するものに限られるから、受講者の範囲についても留意が必要である。

(2) 「比較教育訓練費」の意義

　比較教育訓練費とは、法人の適用年度開始の日前1年以内に開始した各事業年度の所得の金額の計算上損金の額に算入される教育訓練費の額の合計額を、当該1年以内に開始した各事業年度の数で除して計算した金額をいう（措法42の12の5③八）。

　この点に関し、当該1年以内に開始した各事業年度の月数と適用年度の月数が異なる場合には、これらの教育訓練費の額に当該適用年度の月数を乗じてこれを当該各事業年度の月数で除して計算した金額に補正さ

71

れる（月数補正）。

なお、比較教育訓練費の額がゼロである場合には、適用年度の教育訓練費の状況に応じて以下のように取り扱われる（措令27の12の5㉔）。

---

① **適用年度の教育訓練費の額がゼロである場合**
比較教育訓練費に関する要件を満たさないものとする。

② **適用年度の教育訓練費の額が発生している場合**
比較教育訓練費に関する要件を満たすものとする。

したがって、過去において教育訓練費の支出がなく、当事業年度（適用年度）に初めて教育訓練費を支出する場合には、比較教育訓練費に係る要件を満たすものとして、上乗せ控除の適用を受けることができる。

(3) 添付書類

法人が、比較教育訓練費の要件を満たすものとして上乗せ控除制度の適用を受けようとする場合には、これらの規定の適用を受ける事業年度の確定申告書等に教育訓練費の明細を記載した書類を添付しなければならない（措令27の12の5⑭）。

当該明細書には、以下の事項を記載することが必要である（措規20の10⑦）。

● 教育訓練費に係る教育訓練等の実施時期
● 当該教育訓練等の内容
● 当該教育訓練等の対象となる国内雇用者の氏名
● その費用を支出した年月日、内容および金額並びに相手先の氏名または名称

第3節 人材確保等促進税制における用語の定義

1 国内新規雇用者

　法人の国内雇用者（⇒第2節 1）のうち、その法人の有する国内の事業所に勤務することとなった日から1年を経過していないものをいい（措法42の12の5③二）、具体的には、雇用開始日（国内に所在する事業所につき作成された労働基準法第107条第1項に規定する労働者名簿に氏名が記載された日[10]）から1年を経過しないものをいう（措令27の12の5③本文）。基本的には、いわゆる「新入社員（中途採用含む）」と理解して差し支えない。過去において当該法人に雇用されており、その後一度退職したものの、一定期間後に再び同法人に雇用された者も、国内新規雇用者に該当する[11]。

　国内新規雇用者となるのは、国内雇用者のうち労働者名簿に氏名が記載された者に限られる点にも注意が必要である。

　ただし以下に該当する者は除かれる（措令27の12の5③一～三）。

① 役員および一定の使用人

　その法人の国内雇用者となる直前に、その法人の役員および一定の使

10　その国内に所在する事業所につき作成された労働者名簿に記載されている「雇入れの年月日」（労働基準法施行規則53①四）をいい、その国内雇用者がその法人の国内に所在する他の事業所から異動した者である場合には、その法人の国内に所在する各事業所におけるその国内雇用者の雇入れの年月日のうち最も早い日とする（措規20の10②）。

11　『「人材確保等促進税制」よくある御質問Q&A集』（令和3年8月30日改訂版）A9より。

用人に該当する者は、国内新規雇用者の範囲から除外される（措令27の12の5③一）。

一定の使用人とは、具体的には以下の者をいう。

● 役員の特殊関係使用人である者
● 国外事業所の使用人であった者

すなわち、役員を退任して使用人になった者や、海外支店等から国内の事業所に異動した者は除かれるということである。

② **支配関係法人の役員、支配関係のある個人および一定の使用人**
（ア）支配関係法人の役員および一定の使用人

その法人の国内雇用者となる直前に、その法人の「支配関係法人」の役員および一定の使用人に該当する者は、国内新規雇用者の範囲から除外される（措令27の12の5③二前段）。

支配関係法人とは、法人税法第2条第12号の7の5に規定する支配関係がある法人をいい、具体的には、「一の者が法人の発行済株式等の総数または総額の50％超を直接または間接に保有する関係（当事者間の支配関係）」または「一の者との間に当事者間の支配関係がある法人相互の関係（同一の者による支配関係）」のある法人が該当する。

一定の使用人の範囲は、具体的には以下の者をいう。

● 国内雇用者である者
● 役員の特殊関係使用人である者
● 国外事業所の使用人であった者

上記①の範囲に加え、「その支配関係法人の国内雇用者である者」が新たに追加されている。支配関係法人から異動した者については原則として国内新規雇用者に含まれないということである。

（イ）支配関係のある個人および一定の使用人

　その法人の国内雇用者となる直前に、その法人と「支配関係のある個人」および（その個人の）一定の使用人に該当する者は、国内新規雇用者の範囲から除外される（措令27の12の5③二後段）。

　支配関係のある個人とは、具体的にはその法人の発行済株式総数等の50％超を直接または間接に保有する個人、すなわち筆頭株主等を指すものと考えられる。

　一定の使用人の範囲は、具体的には以下の者をいう（措規20の10③、措令5の6の4⑤一）。

> ● その個人の国内雇用者である者
> ● その個人の国外事業所の使用人であった者

（ウ）組織再編成等が行われた場合等の取扱い

　上記（ア）および（イ）の取扱いには例外があり、その異動が組織再編成または連結納税グループ法人間の異動による場合には、一定の要件に該当する者については国内新規雇用者に含めることとされている。

　すなわち、その法人を合併法人等（合併法人、分割承継法人、被現物出資法人または被現物分配法人）とする合併等（合併、分割、現物出資または現物分配）が行われた場合において、その合併等の直後の国内雇用者のうち、その合併等の直前においてその合併等に係る被合併法人等の国内雇用者であった者は、上記①および②の範囲から除外されている（措令27の12の5③二イ）。

　つまり、その合併等によって被合併法人等から合併法人等に異動した使用人のうち、被合併法人等において国内雇用者であった者については、他の要件に該当する限り合併法人等において引き続き国内新規雇用者等

75

に該当するものとして取り扱われる、ということである。この場合には、その被合併法人等における雇用開始日を合併法人等における雇用開始日とみなすこととされている（措令27の12の5④）。

　具体的には、合併等の日において被合併法人等における雇用開始日から1年を経過していない場合には、被合併法人等における雇用開始日から1年を経過する日までの間は合併法人等において国内新規雇用者となり、逆に、合併等の日において被合併法人における雇用開始日から1年を経過している場合には、合併法人等において国内新規雇用者である期間は存在しないこととなる[12]。

　この取扱いは、その法人の国内雇用者となる直前に、その法人と連結完全支配関係にある他の連結法人の国内雇用者であった者についても同様である（措令27の12の5③二ロ）。

③　合併等の直前において支配関係がない被合併法人等の役員および一定の使用人

　その法人を合併法人等とする合併等（その法人との間に支配関係がない法人を被合併法人等とするものに限る）の直後のその法人の国内雇用者で、その合併等の直前においてその合併等に係る被合併法人等の役員および一定の使用人に該当する者は、国内新規雇用者の範囲から除外される（措令27の12の5③三）。

　一定の使用人の範囲は、具体的には以下の者をいう。

● 役員の特殊関係使用人である者
● 国外事業所の使用人であった者

　上記②（ウ）との相違点は、支配関係のない法人との合併等に係る被

12　財務省「令和3年度税制改正の解説」p.513

合併法人等における国内雇用者については、除外の対象に含まれていないという点である。すなわち、他の要件に該当する限り、合併法人等において国内新規雇用者となるということである。この場合には、その被合併法人等における雇用開始日をその合併法人等における雇用開始日とみなすこととされている（措令27の12の5④）。

④　まとめ

　以上をまとめると、下表の通りとなる（表中の号数は措令27の12の5③におけるもの）。

【国内新規雇用者の範囲】

異動者の直前の所属		国内雇用者	役員の特殊関係使用人	国外事業所使用人
その法人		− （該当なし）	× （1号）	× （1号）
支配関係のある法人	組織再編	○ （2号イ）	× （2号本文）	× （2号本文）
	組織再編以外	× （2号本文）	× （2号本文）	× （2号本文）
連結完全支配関係がある他の連結法人		○ （2号ロ）	× （2号本文）	× （2号本文）
支配関係のある個人		× （2号本文）	− （該当なし）	× （2号本文）
支配関係のない法人および個人	組織再編	○ （規定なし）	× （3号）	× （3号）
	組織再編以外	○ （規定なし）	○ （規定なし）	○ （規定なし）

（○：国内新規雇用者の範囲に含まれる　×：国内新規雇用者の範囲から除外される）

支配関係の有無によって原則的な取扱いが異なることから、第2号および第3号の規定ぶりは複雑になっているが、前ページ表より、組織再編成があった場合には、支配関係の有無にかかわらず、同様の取扱いになっていることがわかる。

2 新規雇用者給与等支給額

　法人の各事業年度（適用年度）の所得の金額の計算上損金の額に算入される国内新規雇用者（雇用保険の一般被保険者（雇保法60の2①一）に該当するものに限る）に対する給与等の支給額から、その給与等に充てるため他の者から支払を受ける金額（⇒第2節❸）のうち雇用安定助成金額（⇒第2節❹）を除いた金額を控除した金額をいう（措法42の12の5③五）。

① 集計の対象者

　新規雇用者給与等支給額の計算にあたっては、まず対象となる国内新規雇用者の範囲を確定させたうえで、雇用保険の一般被保険者に該当する者を抽出する必要がある。

　すなわち、国内新規雇用者に該当するとしても、雇用保険一般被保険者以外の被保険者（高年齢保険者、短期雇用特例被保険者または日雇労働被保険者）に対する給与等の支給額は、新規雇用者比較給与等支給額に含まれないということである。

⇒ 補　足

雇用保険一般被保険者

　わが国の雇用保険制度のもとでは、雇用保険（失業者給付のうち求職者給付に係る制度）の被保険者は4種類あり（次ページ表参照）、新規雇

用者給与等支給額の集計上は、このうち「一般被保険者」に該当する者に対する支給額が集計対象となる。

「一般被保険者に該当する者」という表現から、実際の加入有無を問わず、加入資格を有している者は広く集計対象に含めることとなる。

ここで、雇用保険の被保険者となるのは、1週間の所定労働時間が20時間以上であり、かつ同一の事業主の適用事業に継続して31日以上雇用されることが見込まれる者である（雇保法6）。

【雇用保険被保険者の種類】

種　類	内　容
一般被保険者 （雇保法60の2）	被保険者のうち、高年齢被保険者、短期雇用特例被保険者および日雇労働被保険者に該当しない者
高年齢被保険者 （雇保法37の2）	65歳以上の被保険者のうち、短期雇用特例被保険者および日雇労働被保険者に該当しない者
短期雇用特例被保険者 （雇保法38）	被保険者であって季節的に雇用される者のうち以下のいずれにも該当しない者 ● 4か月以内の期間を定めて雇用される者 ● 1週間の所定労働時間が30時間未満である者
日雇労働被保険者 （雇保法43）	日々雇用される者または30日以内の期間を定めて雇用される者

② 集計期間

国内新規雇用者となるのは雇用開始日から1年を経過する日までであるから、新規雇用者給与等支給額の支給期間もおのずと最長12ヶ月間

ということになる。この期間は、国内新規雇用者の雇用開始日から起算されることになるから、必ずしも事業年度の期間と一致するものではない。雇用開始日と事業年度開始日が一致していれば、国内新規雇用者となるのはその事業年度（12ヶ月間）のみということになるが、雇用開始日と事業年度開始日が異なる場合、その者は2事業年度にわたって国内新規雇用者に該当することとなる。

　したがって、各事業年度において「雇用開始日から1年を経過していない者」を把握する必要があるが、事業年度ごとにまとめて集計できるものではなく、各自の雇用開始日から1年を経過していない者を毎年度個別に集計する必要がある点に留意が必要である。ただしこれらは決算日を待たず集計可能であることから、税額計算を含めた決算手続を早期化する観点からはあらかじめ準備しておくことが重要であろう。

3 新規雇用者比較給与等支給額 ||||

　法人の適用年度開始の日の前日を含む事業年度（前事業年度）の所得の金額の計算上損金の額に算入される国内新規雇用者に対する給与等の支給額から、その給与等に充てるため他の者から支払を受ける金額のうち雇用安定助成金額を除いた金額を控除した金額をいう（措法42の12の5③六）。

　ただし新たに集計する必要はなく、前事業年度の確定申告において集計した「新規雇用者給与等支給額」をそのまま用いればよい。

　適用初年度については、前事業年度において「新規雇用日から1年を経過していない者」を把握したうえで、それらの者に対する前事業年度中の給与等の支給額を集計することとなる。

　ここで、前事業年度の月数と適用年度の月数が異なる場合、その月数

80　第4章　用語の定義

の大小関係に応じて以下のように算定する（措令27の12の5⑥）[13]。

① 前事業年度の月数が適用年度の月数を超える場合
【調整計算】

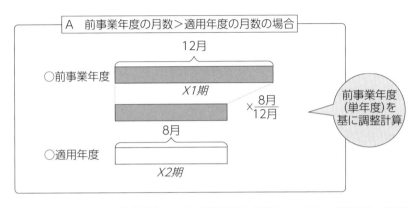

財務省「平成30年度 税制改正の解説」p.417を一部変更して引用。

当該前事業年度における新規雇用者給与等支給額に当該適用年度の月数を乗じ、これを当該前事業年度の月数で除して算定する。

---

13 改正前の賃上げ・投資促進税制における比較雇用者給与等支給額の調整計算（R2措令27の12の5⑥）と全く同じ取扱いであるため、図解についても改正前制度で用いたものをそのまま紹介する。

② **前事業年度の月数が適用年度の月数に満たない場合**

（ア）当該前事業年度の月数が６月に満たない場合

【調整計算】

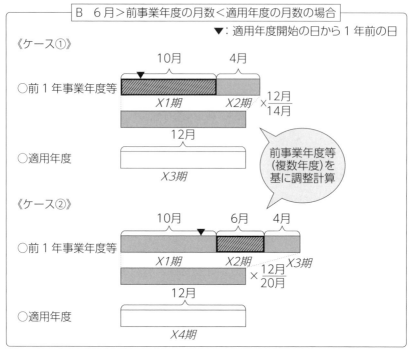

財務省「平成30年度 税制改正の解説」p.417を一部変更して引用。

　当該適用年度開始の日前１年以内に終了した各事業年度（「前１年事業年度等」という）に係る新規雇用者給与等支給額に当該適用年度の月数を乗じて、これを当該前１年事業年度等の月数の合計数で除して算定する。

（イ）当該前事業年度の月数が6月以上である場合
【調整計算】

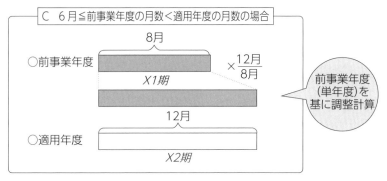

財務省「平成30年度 税制改正の解説」p.417を一部変更して引用。

　当該前事業年度における新規雇用者給与等支給額に当該適用年度の月数を乗じ、これを当該前事業年度の月数で除して算定する。

　前事業年度の月数が6月以上である場合の計算が簡便化されているのは、半年以上の期間があれば、賞与（ボーナス・一時金）を含め1年を通じた給与等支給額の月平均とおおむね同等になると考えられるためである[14]。

③　**前事業年度がない場合**

　特別の規定はなく、新規雇用者比較給与等支給額はゼロとして取り扱われることとなる。

※　新規雇用者比較給与等支給額がゼロである場合

　前事業年度がない場合や、前事業年度において国内新規雇用者が存在しない場合等、新規雇用者比較給与等支給額がゼロとなる場合には、人

14　財務省「平成30年度税制改正の解説」p.416〜417を一部変更して引用。

材確保等促進税制の適用要件を満たさない（措令27の12の5㉒）。

【設例】

　ここで、経済産業省から公表されている「人材確保等促進税制御利用ガイドブック」（令和３年８月30日改訂版）６ページに示されている具体例を紹介しておこう。

【前提条件】

● ３月決算企業を想定し、本税制の適用年度を令和３年度、前年度を令和２年度とする。

● 令和３年度における当該企業の採用者は以下のとおりとする。

採用者	採用区分	雇用開始月
A	新卒採用	令和２年４月
B	新卒採用	令和３年４月
C	中途採用	令和２年６月
D	中途採用	令和２年12月
E	中途採用	令和３年５月
F	中途採用	令和３年７月
G	中途採用	令和元年10月

　このとき、適用年度および前事業年度の給与等支給額は次ページ図のとおりとなる。

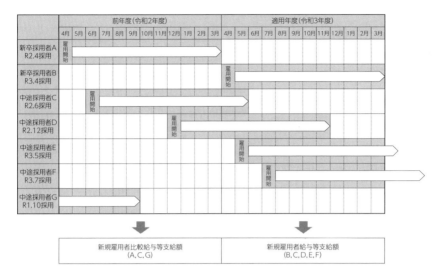

　このように、事業年度をまたいで国内新規雇用者となる中途採用者は、2事業年度にわたり集計対象に含まれることとなる（上図の中途採用者EおよびFは、翌年度も新規雇用者給与等支給額に含まれる）。

4 控除対象新規雇用者給与等支給額

　法人の適用年度の所得の金額の計算上損金の額に算入される国内新規雇用者に対する給与等の支給額から、その給与等に充てるため他の者から支払を受ける金額を控除した金額のうち、その法人のその適用年度の調整雇用者給与等支給増加額（⇒第2節5）に達するまでの金額をいう（措法42の12の5③四）。

　人材確保等促進税制の控除税額はこの金額を基礎として計算されることとなるが、以下の点に留意が必要である。

- 国内新規雇用者に対する給与等の支給額の計算上、その給与等に充てるため他の者から支払を受ける金額がある場合には、その金額を控除した金額を用いるが、さらに雇用安定助成金額も控除する必要があること。
- 「国内新規雇用者に対する給与等の支給額」は、適用要件の判断指標として用いられる新規雇用者給与等支給額（⇒本節**2**）とは異なり、雇用保険の一般被保険者に限らず、すべての国内新規雇用者に対する給与等の支給額が対象となること。

　このように、「国内新規雇用者に対する給与等の支給額」と「新規雇用者給与等支給額」は似たような用語ではあるが下表のとおり取扱いが異なっているので注意が必要である。

【両者の取扱いの相違点】

取扱い	【控除税額】 国内新規雇用者に対する 給与等の支給額	【適用要件】 新規雇用者給与等支給額
支給対象者の範囲	雇用保険被保険者の 限定なし	雇用保険の 一般被保険者に限る
雇用安定助成金額 の取扱い	控除する	控除しない

第4節 所得拡大促進税制における用語の定義

1 雇用者給与等支給額

　法人の適用年度の所得の金額の計算上損金の額に算入される国内雇用者に対する給与等の支給額から、その給与等に充てるため他の者から支払を受ける金額のうち雇用安定助成金額を除いた金額を控除した金額をいう（措法42の12の5③五、十）。

2 比較雇用者給与等支給額

　法人の適用年度開始の日の前日を含む事業年度（前事業年度）の所得の金額の計算上損金の額に算入される国内雇用者に対する給与等の支給額から、その給与等に充てるため他の者から支払を受ける金額のうち雇用安定助成金額を除いた金額を控除した金額をいう（措法42の12の5③五、十一）。

　ここで、前事業年度の月数と適用年度の月数が異なる場合、その月数の大小関係に応じて以下のように算定する（措令27の12の5⑲、⑥）。なおこの取扱いは令和3年度の税制改正において改正されておらず、従来の所得拡大促進税制における取扱いと同じである。

① 前事業年度の月数が適用年度の月数を超える場合

　当該前事業年度における雇用者給与等支給額に当該適用年度の月数を乗じ、これを当該前事業年度の月数で除して算定する。

② **前事業年度の月数が適用年度の月数に満たない場合**

（ア）当該前事業年度の月数が６月に満たない場合

　当該適用年度開始の日前１年以内に終了した各事業年度（「前１年事業年度等」という）に係る雇用者給与等支給額に当該適用年度の月数を乗じて、これを当該前１年事業年度等の月数の合計数で除して算定する。

（イ）当該前事業年度の月数が６月以上である場合

　当該前事業年度における雇用者給与等支給額に当該適用年度の月数を乗じ、これを当該前事業年度の月数で除して算定する。

③ **前事業年度がない場合**

　特別の規定はなく、比較雇用者給与等支給額は零（ゼロ）として取り扱われることとなる。

　この場合には、所得拡大促進税制の適用要件を満たさない（措令27の12の5㉓）。

3 控除対象雇用者給与等支給増加額 ||||

　雇用者給与等支給額から比較雇用者給与等支給額を控除した金額をいい、その金額が適用年度の調整雇用者給与等支給増加額（⇒第２節**5**）を超える場合には、その調整雇用者給与等支給増加額を限度とする（措法42の12の5③十二）。

　前段の雇用者給与等支給額および比較雇用者給与等支給額の算定上は、それらから控除される「他の者から支払を受ける金額」の範囲から雇用安定助成金額を除くこととされている（同項十、十一）のに対し、調整雇用者給与等支給増加額の計算基礎となる雇用者給与等支給額および比較雇用者給与等支給額の算定上は、さらに雇用安定助成金額を控除

88　第４章　用語の定義

して算定される（同項四）。詳細は第2節4の図を参照されたい。

4 中小企業者等

　所得拡大促進税制の適用を受けることができる中小企業者等とは、中小企業者（適用除外事業者に該当するものを除く）および農業協同組合等で青色申告書を提出するものをいう（措法42の4④）。

　中小企業者とは、以下のいずれかの法人をいう（措法42の4⑧七、措令27の4㉑）。

- 資本金の額（または出資金の額）が1億円以下の法人のうち、いわゆる「**みなし大企業**」以外の法人
- 資本（または出資）を有しない法人のうち、常時使用する従業員の数が1,000人以下の法人

① みなし大企業

　中小企業者から除外される「みなし大企業」とは、以下のいずれかに該当する法人をいう（措令27の4㉑一、二）。

- その発行済株式総数（または出資の総額）[15]の2分の1以上が同一の**大規模法人**の所有に属している法人
- その発行済株式総数（または出資の総額）の3分の2以上が（複数の）**大規模法人**の所有に属している法人

　ここで「大規模法人」とは、以下のいずれかに該当する法人をいい、中小企業投資育成会社を除く（措令27の4㉑一）。

15　自己株式または自己出資を除く。

- 資本金の額（または出資金の額）が１億円を超える法人
- 資本（または出資）を有しない法人のうち、常時使用する従業員の数が1,000人を超える法人
- **大法人**との間に完全支配関係がある普通法人
- 100％グループ内の複数の**大法人**に発行済株式（または出資）の全部を保有されている普通法人

　さらに「大法人」とは、以下のいずれかに該当する法人をいう（措令27の4㉑一イ）。

- 資本金の額（または出資金の額）が５億円を超える法人
- 相互会社（保険業法に規定する外国相互会社を含む）
- 受託法人（法人課税信託の受託者である一定の法人。法法４の７）

　このように「みなし大企業」の定義が複雑なのは、法人税法における「みなし大企業」の範囲（法法66⑥二、三）との整合性を図るため[16]である。

　以上より、租税特別措置法における「中小企業者」および「みなし大企業」の判定フローをまとめると、次ページ図の通りとなる。

16　令和元年度の税制改正以前は、法人税法と租税特別措置法における「みなし大企業」の範囲に不整合があり、特に100％グループの孫会社以下の法人について一方では「みなし大企業」とされるが他方では「中小企業者（または中小法人）」とされることがあった。

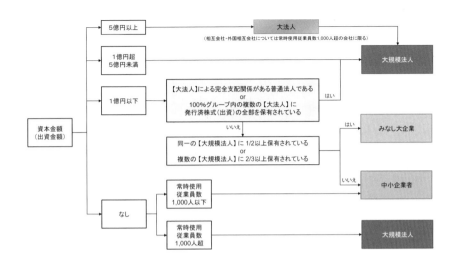

② 適用除外事業者

　形式的には中小企業者に該当するものの、平均所得金額（適用年度の前3年以内に終了した各事業年度（基準年度）の所得金額を各基準年度の月数の合計数で除し、これに12を乗じて計算した金額）が15億円を超える法人をいう（措法42の4⑧八）。

　この措置は平成29年度の税制改正によって創設されたものであり、「中小企業向けの租税特別措置については、特定の政策目的を推進する観点から、財務状況が脆弱な中小企業に対して、特別に支援を行うものであるという点に鑑み、大法人並みの所得を超えて得ている中小企業を適用の対象外とする」[17]こととされたものである。

17　財務省「平成29年度　税制改正の解説」p.533

第5章

旧制度における用語の定義

本章では、制度創設当初の所得拡大促進税制から、令和3年度の税制改正によって抜本的に改組される前の賃上げ・投資促進税制までの「旧制度」について、これらの税制に固有の用語の定義を残しておくこととする。過年度分の修正申告、更正の請求または税務調査対応などの局面で参考にされたい。

第1節 所得拡大促進税制（平成25年度～平成29年度）

1 雇用者給与等支給額

　法人の適用年度の所得の金額の計算上損金の額に算入される国内雇用者に対する給与等の支給額から、給与等に充てるため他の者から支払を受ける金額[1]を控除した金額をいう（H29措法42の12の5③三）。

2 比較雇用者給与等支給額

　法人の適用年度開始の日の前日を含む事業年度（前事業年度）の所得の金額の計算上損金の額に算入される国内雇用者に対する給与等の支給額から、給与等に充てるため他の者から支払を受ける金額がある場合を控除した金額をいう（H29措法42の12の5③六）。

　前事業年度の月数と適用年度の月数が異なる場合の取扱いについて、平成30年度の税制改正前は、単に前事業年度における雇用者給与等支給額に適用年度の月数を乗じ、これに当該前事業年度の月数で除して算定することとされていた（H29措法42の12の5②六ロ）。

3 基準雇用者給与等支給額

　基準事業年度の所得の金額の計算上損金の額に算入される国内雇用者に対する給与等の支給額をいう（H29措法42の12の5②四）。

1　雇用安定助成金額を除くという取扱いは存在しない。

なお、平成30年度の税制改正によって、基準雇用者給与等支給額の概念は廃止されている（32ページ参照）。

① 「基準事業年度」および「最も古い事業年度」の意義

基準事業年度とは、「最も古い事業年度」開始の日の前日を含む事業年度をいい、最も古い事業年度とは、平成25年4月1日以後に開始する各事業年度のうち最も古い事業年度をいう。

これは、所得拡大促進税制が平成25年4月1日以後に開始する事業年度から適用されることをふまえ、その適用初年度の前事業年度を「基準事業年度」として定義したものである。

したがって、法人が平成25年4月1日以後に設立された場合には、設立日を含む事業年度が「最も古い事業年度」となるが、基準事業年度は存在しないこととなり、以下③の「基準事業年度がない場合」の取扱いを受ける。

② 基準事業年度の月数と適用年度の月数が異なる場合

この場合の基準雇用者給与等支給額は、当該基準事業年度の雇用者給与等支給額に適用年度の月数を乗じて、これを当該基準事業年度の月数で除して計算した金額とする（H29措法42の12の5②四ロ）。

③ 基準事業年度がない場合

この場合の基準雇用者給与等支給額は、最も古い事業年度の雇用者給与等支給額の70％に相当する金額とし、当該最も古い事業年度の月数と適用年度の月数とが異なる場合には、当該金額に当該適用年度の月数を乗じてこれを当該最も古い事業年度等の月数で除して計算した金額とする（H29措法42の12の5②四ハ）。

これにより、本税制の適用開始日以後に設立された法人の設立事業年

度においては、基準雇用者給与等支給額が同年度の雇用者給与等支給額の70％として設定されることから、基準雇用者給与等支給額からの増加割合は約42.86％（$=\dfrac{100\% - 70\%}{70\%}$）となり、必ず適用要件①（基準雇用者給与等支給額からの増加要件）を満たすこととなる。

4 平均給与等支給額・比較平均給与等支給額 ||||

　平均給与等支給額とは、適用年度の継続雇用者給与等支給額を、これに対応する給与等支給者数（適用年度における給与等月別支給対象者の数を合計した数）で除して計算した金額をいう（H29措法42の12の5②八）[2]。

　また、比較平均給与等支給額とは、適用年度の継続雇用者に対する前事業年度の給与等支給額（継続雇用者比較給与等支給額）を、これに対応する給与等支給者数（前事業年度における給与等月別支給対象者の数を合計した数）で除して計算した金額をいう（H29措法42の12の5②九）。

　平均給与等支給額は、適用年度の継続雇用者に対する「適用年度の1人当たり・1月当たり」の給与等支給額の平均を示すものであり、比較平均給与等支給額は、適用年度の継続雇用者に対する「前事業年度の1人当たり・1月当たり」の給与等支給額の平均を示すものである。

2　平成25年度の所得拡大促進税制の創設当初、平均給与等支給額は「雇用者給与等支給額から日雇労働者に係る金額を控除した金額」を「適用年度に含まれる各月ごとの給与等の支給の対象となる国内雇用者（日雇労働者を除く）の数を合計した数」で除して計算した金額とされていた（H25措法42の12の4②六、H25措令27の12の4⑪⑫）。

　しかしこの計算によると、月給の高い社員が退職する一方で新入社員を採用する場合など、構造的に平均給与が引き下がる場合に適用要件を満たすことができないといった問題が指摘されていたことから、平成26年度の税制改正において、「1人当たりの給与等支給額」をより適切に算定するために、「継続雇用者に対する給与等支給額（継続雇用者給与等支給額）」を対応する 給与等支給者数 で除して計算することとされた。

98　第5章　旧制度における用語の定義

これらを比較することによって賃上げの効果測定を実施し（適用要件③、25ページ）、一定の賃上げを達成しているかどうかの判断基準としているのである。平たくいえば、「各人の月給が上がっているか（各人の可処分所得が増加しているか）」を測るための指標なのである。

このように、平均給与等支給額の要件は、所得拡大促進税制の制定経緯からして本質的に重要な要件であると言える。

平成30年度の税制改正により平均給与等支給額および比較平均給与等支給額の概念は廃止されたが、その計算要素である「継続雇用者給与等支給額」および「継続雇用者比較給与等支給額」については定義を変更（次節 **3** 参照）した上で、改正後の制度においても「賃上げ」の効果を測定するための本質的に重要な適用要件として引き続き用いられていることから、旧制度の平均給与等支給額にまつわる各種用語について整理しておくことは、新制度の理解を深めるためにも有用であると考えられる。

① 「継続雇用者給与等支給額」の意義

継続雇用者に対する給与等支給額のうち、雇用保険一般被保険者（➡ 前章第3節 **2**）に該当する者に対して支給したものに限り、継続雇用制度対象者に対して支給したものを除いたものをいう（H29措令27の12の5⑭）。

⇒ 補 足

継続雇用制度

継続雇用制度とは、定年を65歳未満に定めている事業主に対して、その雇用する高年齢者（55歳以上）の65歳までの安定した雇用を確保する

ための各種措置（高年齢者雇用確保措置[3]）の一つであり、現に雇用している高年齢者が希望するときは、その高年齢者をその定年後も引き続いて雇用する制度をいう（高年齢者雇用安定法9①二）。

本税制において計算上考慮される継続雇用制度の適用対象者は、法人の就業規則において「継続雇用制度」を導入している旨の記載があり、かつ、雇用契約書または賃金台帳において継続雇用制度に基づき雇用されている者である旨の記載がある者に限られる（H29措規20の9、H30措規20の10②）。

② 「給与等月別支給対象者の数」の意義

給与等月別支給対象者の数とは、各月ごとの給与等の支給対象となる継続雇用者の数をいう（H29措令27の12の5⑮）。この点に関し、賞与の支給のように同一の月に給与等の支給が複数回行われる場合には、支給対象者となる継続雇用者の数は、それぞれの支給対象者数のうちいずれか多い数を用いることとなるので留意されたい。

③ 平均給与等支給額の計算イメージ

①および②をふまえ、平均給与等支給額の具体的な計算イメージについては次ページ表を参照されたい。

---

3 継続雇用制度以外の高年齢者雇用確保措置としては、「当該定年の引上げ」または「当該定年の定めの廃止」の2つが挙げられている。

【計算イメージ】

支 給 月	継続雇用者に対する 給与等支給額(円)	支給人数(人)
4 月	13,050,789	29
5 月	13,292,830	28
6 月	12,679,643	27
6 月（賞与）	23,131,467	—
7 月	13,045,295	27
8 月	13,206,678	29
9 月	13,026,964	25
10 月	13,287,940	28
11 月	12,982,476	31
12 月	12,628,094	30
12 月（賞与）	25,097,940	—
1 月	13,098,540	29
2 月	13,229,938	25
3 月	13,129,510	25
合 計	204,888,104 (A)	333 (B)

平均給与等支給額 $= \dfrac{(A)}{(B)}$ ➡ 615,279

④ 「継続雇用者」の意義

適用年度およびその前事業年度において給与等の支給を受けた国内雇用者をいう（H29措法42の12の5②ハ）。

本税制は、一定の賃上げを実現した法人に対して税額控除のメリットを与えようとするものであることから、その効果測定のためには給与等支給額の「2期比較」が必要である。そこで、国内雇用者のうち適用年度とその前事業年度の2期にわたり一度でも給与等の支給を受けた者を

「継続雇用者」として定義し、比較すべき母集団を絞り込んでいるということである。

定義からも明らかであるが、継続雇用者に該当するためには、その前提として国内雇用者に該当している必要がある。

ここで国内雇用者となるための要件を再掲しておこう（57ページ参照）。

(a)　使用人であること
(b)　国内の事業所に勤務していること
(c)　労働基準法第108条に定める賃金台帳に記載されていること

これらの要件のいずれかを満たさない者は国内雇用者に該当せず、したがって継続雇用者にも該当することはない。

例えば以下の者は国内雇用者に該当しないこととなる。

(a) に該当しない ➡役員、役員の特殊関係者、使用人兼務役員
(b) に該当しない ➡海外勤務社員
(c) に該当しない ➡派遣社員(派遣先管理台帳は賃金台帳とは異なる)

また、国内雇用者に該当するが、適用年度とその前事業年度の2期にわたり一度でも給与等の支給を受けていない者は、継続雇用者に該当しない。

例えば適用年度中に入社した国内雇用者（新入社員）は、前事業年度において給与等の支給を受けていないことから、適用年度における継続雇用者には該当しない。また、前事業年度中に退職した国内雇用者（前期退職社員）は、前事業年度において給与等の支給を受けているものの、適用年度において給与等の支給を受けていないことから、やはり適用年度における継続雇用者には該当しないこととなる。

なお、適用年度中に退職した国内雇用者（当期退職社員）は、前事業年度および適用年度（退職時まで）において給与等の支給を受けているのであれば、適用年度における継続雇用者に該当する。

　この考え方は、事業年度の途中で「国内雇用者」に該当しなくなる場合（またはその逆）にも当てはまる。例えば以下のようなケースである。

- 事業年度の中途で役員に就任した場合
- 事業年度の中途で海外から帰任した場合
- 事業年度の中途で継続雇用制度の適用対象者となった場合[4]

　継続雇用者への該当性という見地からすれば、事業年度の途中で「国内雇用者に該当しない者」になった場合には、「当期退職社員」と同じ扱いをすることとなり、事業年度の途中で国内雇用者に該当することとなった場合には、「新入社員」と同じ扱いをすればよいこととなる。

⑤　「継続雇用者比較給与等支給額」の意義
　適用年度の継続雇用者に対する前事業年度の給与等支給額をいう（H29措法42の12の5②九）。

　定義からも明らかであるが、前事業年度において集計した「継続雇用者給与等支給額」がそのまま翌事業年度における「継続雇用者比較給与等支給額」にならない点に留意が必要である。「継続雇用者」の範囲は毎事業年度変動するからである。

4　継続雇用制度の適用を受けることとなっても「国内雇用者」であることには変わりなく、定義上は引き続き継続雇用者には該当するが、継続雇用制度適用後に支払を受ける給与等の額は継続雇用者給与等支給額の集計からは除外されることとなるため、金額集計の観点からは継続雇用者非該当として取り扱っても実務上の支障はないものと考えられる。

103

継続雇用者比較給与等支給額の集計に当たっては、まず、適用年度における「継続雇用者」の範囲を確定させた上で、該当者の前事業年度の給与等支給額を集計する必要がある。

⑥　継続雇用者給与等支給額がゼロの場合

　平均給与等支給額の計算上、「継続雇用者」に該当する者がいない等の理由で継続雇用者給与等支給額がゼロとなる場合には、対応する支給者数もゼロとなるのであるが、平均給与等支給額は分数概念であることから、分母の「支給者数」がゼロとなれば計算不能となり不都合が生じる。

　そこでこのような場合には、支給額を1円とし（H29措令27の12の5⑭）、支給者数も1とされる（H29措令27の12の5⑮）。この結果、平均給与等支給額は「1円」として計算されることとなる。

　また、比較平均給与等支給額の計算上、継続雇用者比較給与等支給額がゼロの場合には、支給額について特別の定めはないが、支給者数は1とされる（H29措令27の12の5⑰）。この結果、比較平均給与等支給額は「ゼロ円」として計算されることとなる。

　新設法人が典型例であるが、適用年度において継続雇用者が存在しない場合、継続雇用者給与等支給額および継続雇用者比較給与等支給額はそれぞれゼロとなる。このとき、平均給与等支給額は「1円」、比較平均給与等支給額は「ゼロ円」となるから、平均給与等支給額は比較平均給与等支給額を常に超えることとなるが、これをもって適用要件を充足するか否かは、法人が中小企業者等に該当するか否かによって以下のように異なることとなる。

- 法人が中小企業者等に該当する場合には、「平均給与等支給額が比較平均給与等支給額を超えること」という適用要件③（14ページ参照）を満たす。
- 法人が中小企業者等に該当しない場合には、「平均給与等支給額が比較平均給与等支給額から2％以上増加していること」という適用要件③を満たさず、所得拡大促進税制そのものを適用することができない。

第2節 賃上げ・投資促進税制（平成30年度〜令和2年度）

1 雇用者給与等支給額

第1節1の定義から変更されていない（H30措法42の12の5③四）。

2 比較雇用者給与等支給額

第1節2の定義から変更されていない（H30措法42の12の5③五）。

平成30年度の税制改正では、前事業年度の月数と適用年度の月数が異なる場合の取扱いが改正されているが、その内容については、第4章第4節2を参照されたい。

3 継続雇用者給与等支給額・継続雇用者比較給与等支給額

① 「継続雇用者給与等支給額」および「継続雇用者比較給与等支給額」の意義

継続雇用者給与等支給額とは、雇用者給与等支給額のうち継続雇用者に対する支給額をいい（H30措法42の12の5③六、H30措令27の12の5⑭）、継続雇用者比較給与等支給額とは、当該継続雇用者に対する前事業年度等の給与等の支給額として計算された一定の金額をいう（H30措法42の12の5③七、H30措令27の12の5⑮。詳細は後述）。

② 「継続雇用者」の意義

適用年度およびその前事業年度の期間内の各月において当該法人の給

与等の支給を受けた国内雇用者のうち一定のものとされ、「一定のもの」として「雇用保険の一般被保険者に該当するものに限り、継続雇用制度適用対象者を除く」と定義された（H30措法42の12の5③六、H30措令27の12の5⑬）。これによって、事業年度の中途で入社または退職した者は継続雇用者に該当しないこととなり、完全に集計から除外できるようになった。

なお、旧制度では、雇用保険関連の取扱いは「継続雇用者給与等支給額の集計」に関連して定められていたのに対し、新制度では「継続雇用者の定義」の中に組み込まれている点に留意が必要である。新制度では、期の中途で雇用保険一般被保険者資格を得喪した者や継続雇用制度の適用対象者となった者は継続雇用者に該当しない（定義を満たさない）こととなり、そもそも集計に含める必要がなくなったということである。

【継続雇用者のイメージ】

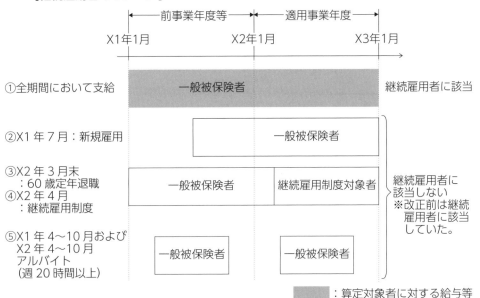

財務省「平成30年度 税制改正の解説」p.410より引用。

③ 「期間内の各月」の意義と継続雇用者給与等支給額の集計範囲

継続雇用者の定義に含まれている「適用年度およびその前事業年度等の期間内の各月において当該法人の給与等の支給を受けた」という表現に関し、「期間内の各月」の取扱いについては、適用年度の月数と前事業年度等の月数が異なる場合には以下のように異なる取扱いが定められているので留意が必要である（特に、みなし事業年度が設定される事業年度付近で留意すべきと考えられる）。

その上で、継続雇用者とされた者に係る雇用者給与等支給額が「継続雇用者給与等支給額」とされる（H30措令27の12の5⑭）。

(1) 適用期間の月数と前事業年度等の月数が同じ場合
    （H30措令27の12の5⑬一）

適用年度の期間およびその前事業年度等の期間内の各月にわたり給与等の支給を受けた者が継続雇用者に該当する。

【下図では12か月＋12か月＝24か月】

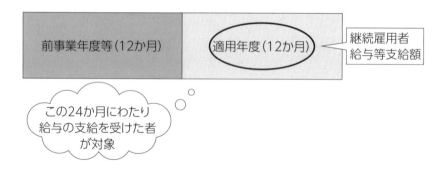

第5章　旧制度における用語の定義

(2) 前事業年度等の月数が適用年度の月数に満たない場合
   (H30措令27の12の5⑬二イ)

　適用年度の期間およびその適用年度開始の日前1年以内に終了した各事業年度(前1年事業年度等)の期間内の各月にわたり給与等の支給を受けた者が継続雇用者に該当する。

　ここで「前1年事業年度等」は、設立の日以後に終了した事業年度に限られ、適用年度開始の日から起算して1年前の日または設立の日を含む前1年事業年度等にあっては、その1年前の日またはその設立の日のいずれか遅い日から当該前1年事業年度終了の日までの期間(前1年事業年度等特定期間)が対象となる。

【下図では4か月+8か月+12か月=24か月】

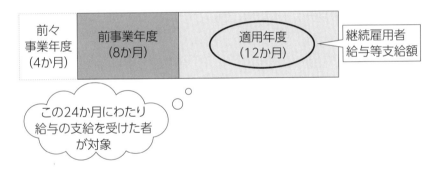

※前1年事業年度等特定期間=上図の前々事業年度(4か月)+前事業年度(8か月)
※最長でも、適用年度開始の日から起算して1年前の日以降の期間が集計対象となる。

(3) 前事業年度等の月数が適用年度の月数を超える場合
   (H30措令27の12の5⑬二ロ)

　適用年度の期間およびその前事業年度等の期間のうちその適用年度の期間に相当する期間でその前事業年度等の終了の日に終了する期間(前事業年度等特定期間)内の各月にわたり給与等の支給を受けた者が継続

雇用者に該当する。

【下図では8か月＋8か月＝16か月】

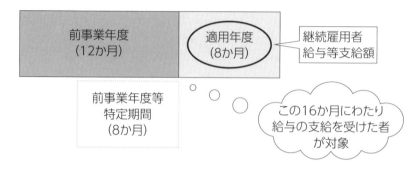

④ 継続雇用者比較給与等支給額の集計範囲

①により継続雇用者給与等支給額が定められれば、それと対応する形で継続雇用者比較給与等支給額も集計することができる（H30措令27の12の5⑮）。この場合においても、適用年度の月数と前事業年度等の月数が異なる場合に応じて、それぞれ以下のように取り扱われるので留意が必要である。

(1) 適用期間の月数と前事業年度等の月数が同じ場合

（H30措令27の12の5⑮一）

継続雇用者比較給与等支給額は、継続雇用者に対する前事業年度等に係る給与等支給額とされる。

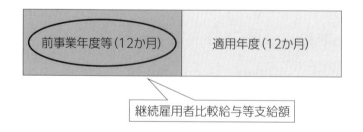

(2) 前事業年度等の月数が適用年度の月数に満たない場合

(H30措令27の12の5⑮二)

継続雇用者比較給与等支給額は、以下の算式で求められる。

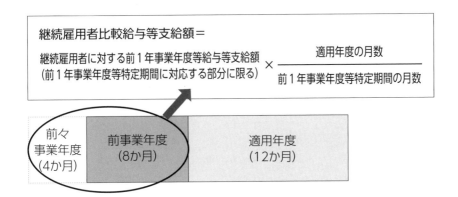

このような按分計算が求められているのは、前1年事業年度等特定期間に設立事業年度が含まれている場合には、その期間が必ずしも適用年度の月数（上図では12か月）と一致するわけではなく、月数補正が必要になる可能性があるためである。

(3) 前事業年度等の月数が適用年度の月数を超える場合

(H30措令27の12の5⑮三)

継続雇用者比較給与等支給額は、継続雇用者に対する前事業年度等特定期間に係る給与等支給額とされる。

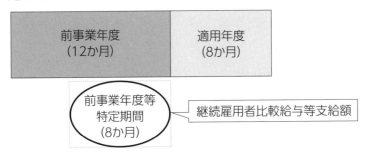

⑤ 継続雇用者比較給与等支給額がゼロの場合

継続雇用者比較給与等支給額がゼロの場合、継続雇用者給与等支給額の増加割合を計算することができない（分母がゼロのため計算不能）。

そこでこのような場合には、継続雇用者給与等支給額に係る要件を満たさず、本税制の適用を受けることができないことが明確化された（措令27の12の5㉒）。

具体的には以下の通りである。

要　件	大企業	中小企業者等
適用要件① （賃上げの要件）	【要件：3％以上増加】 満たさないものとする （R2措令27の12の5㉒一）	【要件：1.5％以上増加】 満たさないものとする （R2措令27の12の5㉒二）
上乗せ控除のための要件① （継続雇用者給与等支給額の要件）	──	【要件：2.5％以上増加】 満たさないものとする （R2措令27の12の5㉒一）

4 国内設備投資額

法人が適用年度において**取得等**をした**国内資産**で当該適用年度終了の日において有するものの取得価額の合計額をいう（H30措法42の12の5③八）。

① 「取得等」の意義

取得または製作もしくは建設をいい、合併、分割、贈与、交換、現物出資または現物分配、代物弁済による取得を除く（H30措令27の12の5

⑯）。

本税制は設備投資を促進するための税制であるから、投資を伴わない資産の増加について適用除外する趣旨と考えられる。

② 「国内資産」の意義

国内にある当該法人の事業の用に供する機械および装置その他の減価償却資産（時の経過によりその価値の減少しないものを除く）をいう（H30措令27の12の5⑰）。

この点、使用可能期間が1年未満であるものまたは取得価額が10万円未満であるもの（いわゆる少額減価償却資産）並びに一括償却資産も「減価償却資産」に含まれることから（法令133、133の2）、これらも「国内資産」に含まれる。

したがって、以下のものは「国内資産」に該当しないものと考えられる。

●棚卸資産
●有価証券（法法2二十一）
●繰延資産（法法2二十四）
●国外事業所にある減価償却資産
●土地
●取得価額が1点100万円以上の美術品等のうち、時の経過によりその価値が減少することが明らかなものを除いたもの
●取得価額が1点100万円未満の美術品等のうち、時の経過によりその価値が減少しないことが明らかなもの
●適用年度中に取得等したもののうち、適用年度終了の日の前に除売却したもの

113

➡ 補足1

「事業の用に供する」の意義

国内資産の定義にある「事業の用に供する」という表現は、実際に事業の用に供していることを必要としていないことに留意が必要である。

事業供用が必要な場合には「事業の用に供した機械および装置……」、という表現になるべきであるし、これに続く「その他の減価償却資産」のカッコ書きからも、法人税法施行令第13条における減価償却資産の定義のカッコ書きに含まれている「事業の用に供していないもの」が除外され、単に「時の経過によりその価値の減少しないもの」のみが残されていることからも明らかである。

このように、法人の有する資産が適用年度終了の日において当該法人の事業の用に供されていない場合であっても、その後国内において当該法人の事業の用に供されることが見込まれるときには、当該資産は国内資産に該当することが通達上も明らかにされている（H30措通42の12の5-7）。

➡ 補足2

無形固定資産の内外判定

国内資産の定義中「国内にある」との表現は、当該資産が国内資産に該当するかどうかの判定（内外判定）は地理的に行うことを示したものであるが、無形固定資産は物理的に存在しないことから、地理的に内外判定することが困難な局面が想定される。

そこで無形固定資産については、種類ごとの内外判定基準となる「事業の用に供される場所」についての取扱いが以下の通り示された（H30措通42の12の5-6）。

【無形固定資産の内外判定】

無形固定資産の種類	事業の用に供される場所
鉱業権（租鉱権および採石権その他土石を採掘し採取する権利（採石権等）を含む）	以下の所在する場所 ● 鉱業権に係る鉱区 ● 租鉱権に係る租鉱区 ● 採石権等に係る採石場
特許権、実用新案権、意匠権、商標権もしくは育成者権（これらの権利を利用する権利を含む）または営業権	これらの権利が使用される場所
ソフトウェア	そのソフトウェアが組み込まれている資産の所在する場所
一の資産において国内および国外のいずれの事業の用にも供されている場合	当該一の資産は国内資産に該当するものとして取り扱う。

補足3

「国内資産の取得価額」の取扱いに関する各種通達

(1) 資本的支出の範囲

　法人の有する国内資産につき資本的支出を行った場合の当該資本的支出に係る金額は、H30措通42の12の5-11ただし書の適用があるものを

除き、「国内設備投資額」に含まれるものとする[5]ことが明らかにされた（H30措通42の12の5-8）。

(2) 圧縮記帳をした国内資産の取得価額

法人の有する国内資産のうち、圧縮記帳の適用を受けたものがある場合には、その圧縮記帳前の実際の取得価額によるものとする（H30措通42の12の5-9）。

ただし、H30措通42の12の5-11ただし書の適用があるものにあっては、その圧縮記帳前の実際の取得価額から、同通達の「当該法人の有する国内資産に係るこれらの金額に相当する金額」を控除した金額による[6]ものとする。

(3) 贈与による取得があったものとされる場合の適用除外

贈与による取得は、「国内設備投資額」の定義を満たす「取得等」には該当しない（H30措法42の12の5③八、H30措令27の12の5⑯）ことをふまえ、次ページ表のように取り扱うことが明らかにされた（H30措通42の12の5-10）。

---

5 当該資本的支出に係る金額について「H30措通42の12の5-11ただし書を適用した場合」とは、減価償却費について支出した金額で修繕費として経理した金額のうち、資本的支出の規定（法令132）により損金の額に算入されなかった金額（法基通7-5-1(3)）について、国内設備投資額に含めないということである。詳細は本節**5**の〈補足〉を参照のこと。

6 当該圧縮記帳に係る圧縮損について「H30措通42の12の5-11ただし書を適用した場合」とは、減価償却資産について法人税法または租税特別措置法の規定による圧縮限度額を超えてその帳簿価額を減額した場合のその超える部分の金額（法基通7-5-1(2)）について、国内設備投資額に含めないものとして実際の取得価額から控除するということである。詳細は本節**5**の〈補足〉を参照のこと。

116　　第5章　旧制度における用語の定義

ケース	贈与と認められる額	取得価額の取扱い
資産を著しく**低い**対価の額で取得した場合[7]	実際の対価と時価との差額に相当する金額について贈与を受けたものと認められる。	実際の対価により取得があったものとする。
資産を著しく**高い**対価の額で取得した場合	実際の対価と時価との差額に相当する金額の贈与をしたものと認められる。	時価により取得があったものとする。

5 当期償却費総額

　法人がその有する減価償却資産につき適用年度においてその償却費として損金経理をした金額をいう（H30措法42の12の5③九）。

　償却費として損金経理をした金額には、当該適用年度の決算の確定の日までに剰余金の処分により積立金として積み立てる方法により特別償却準備金として積み立てた金額を含み、償却超過額の当期認容額、および合併、分割等により移転を受けた減価償却資産に係る合併等事業年度前の損金未算入額は含まれない。

　当期償却費総額は、税務上の損金算入限度額ではなく、その母集団である「償却費として損金経理をした額」を対象とした概念であることに注意しておきたい。税務上は償却超過額として否認された部分も「当期

7　資産を著しく低い対価の額で取得した場合においては、H30措通42の12の5-11の取扱いの適用はない。すなわち、当該資産の取得価額を時価相当額とした上で、贈与相当額について帳簿価額を減額する処理を擬制し、当該減額分を「償却費として損金経理をした金額」として取り扱うわけではないということである。

償却費総額」に含まれることとなるから、前期以前の償却超過額の当期認容額は「当期償却費総額」から除かれているのである。また、合併等事業年度前の損金未算入額についても、自己の設備投資に対応する償却費ではないことから、同じく「当期償却費総額」から除かれていると考えられる。

「償却費として損金経理をした額」の具体例は法人税基本通達7-5-1に例示されているものをはじめ、以下のものも含まれると考えられる。

● 少額減価償却資産または一括償却資産の損金経理額
● 資産除去債務に対応して計上される減価償却費

▶ 補 足

償却費として損金経理をした金額の範囲と「設備投資額」の関係

当期償却費総額には、法人税基本通達7-5-1または7-5-2の取扱いにより償却費として損金経理をした金額に該当するものとされる金額が含まれる。ただし、法人が継続して、これらの金額につきこの「償却費として損金経理をした金額」に含めないこととして計算している場合には、国内設備投資額の計算につき当該法人の有する国内資産に係るこれらの金額に相当する金額を含めないこととしているときに限り、この計算を認めることとされている（H30措通42の12の5-11）。

もともと、法人税基本通達7-5-1において「償却費として損金経理をした金額」に含まれるものとされている項目は、法人が償却費（または減価償却費）の科目で経理していないものであっても、結果的に固定資産の帳簿価額を減額する作用を果たすものについて「償却費として損金経理をした金額」と同じ取扱いをすることを許容したものである。

このように取り扱うためには、その前提として、「当初支出が固定資産の取得価額に含まれる（設備投資額に含まれる）」ことが必要である。固定資産の取得価額を構成していなければ、その後の償却によって帳簿

価額を減額するという処理が成り立たないからである。

　したがって、法人が継続してこれらの項目を「償却費として損金経理をした金額」に含めず、別途の項目として税務調整を行っている場合には、このような関係性が失われることになるから、対応する当初支出は設備投資額に含められるべきではないということになる。

【（参考）法人税基本通達７−５−１（償却費として損金経理をした金額の意義）】

　法第31条第１項《減価償却資産の償却費の計算及びその償却の方法》に規定する「償却費として損金経理をした金額」には、法人が償却費の科目をもって経理した金額のほか、損金経理をした次に掲げるような金額も含まれるものとする。
(1)　令第54条第１項《減価償却資産の取得価額》の規定により減価償却資産の取得価額に算入すべき付随費用の額のうち原価外処理をした金額
(2)　減価償却資産について法又は措置法の規定による圧縮限度額を超えてその帳簿価額を減額した場合のその超える部分の金額
(3)　減価償却資産について支出した金額で修繕費として経理した金額のうち令第132条《資本的支出》の規定により損金の額に算入されなかった金額
(4)　無償又は低い価額で取得した減価償却資産につきその取得価額として法人の経理した金額が令第54条第１項の規定による取得価額に満たない場合のその満たない金額
(5)　減価償却資産について計上した除却損又は評価損の金額のうち損金の額に算入されなかった金額
　　（注）　評価損の金額には、法人が計上した減損損失の金額も含まれることに留意する。
(6)　少額な減価償却資産（おおむね60万円以下）又は耐用年数が３年以下の減価償却資産の取得価額を消耗品費等として損金経理をした場合のその損金経理をした金額
(7)　令第54条第１項の規定によりソフトウェアの取得価額に算入すべき金額を研究開発費として損金経理をした場合のその損金経理をした金額

【(参考) 法人税基本通達7−5−2 (申告調整による償却費の損金算入)】

> 　法人が減価償却資産の取得価額の全部又は一部を資産に計上しないで損金経理をした場合（7−5−1により償却費として損金経理をしたものと認められる場合を除く。）又は贈与により取得した減価償却資産の取得価額の全部を資産に計上しなかった場合において、これらの資産を事業の用に供した事業年度の確定申告書又は修正申告書（更正又は決定があるべきことを予知して提出された期限後申告書及び修正申告書を除く。）に添付した令第63条《減価償却に関する明細書の添付》に規定する明細書にその計上しなかった金額を記載して申告調整をしているときは、その記載した金額は、償却費として損金経理をした金額に該当するものとして取り扱う。
>
> (注)　贈与により取得した減価償却資産が、令第133条《少額の減価償却資産の取得価額の損金算入》の規定によりその取得価額の全部を損金の額に算入することができるものである場合には、損金経理をしたものとする。

6 比較教育訓練費の額

　法人の適用年度開始の日前2年以内に開始した各事業年度の所得の金額の計算上損金の額に算入される教育訓練費の額の合計額を、当該2年以内に開始した各事業年度の数で除して計算した金額をいい（H30措法42の12の5③十一）、賃上げ・投資促進税制における上乗せ控除のための要件の判定に用いられていた[8]。

　この点に関し、当該2年以内に開始した各事業年度の月数と適用年度の月数が異なる場合には、これらの教育訓練費の額に当該適用年度の月数を乗じて計算した金額に補正される（月数補正）。

　また、比較教育訓練費の額がゼロである場合の取扱いについては、人

8　人材確保等促進税制における比較教育訓練費の額とは集計期間が異なる。

材確保等促進税制においても改正されていないため、前章第2節**6**を参照されたい。

7 中小企業比較教育訓練費の額 ‖‖‖

　中小企業者等の適用年度開始の日前1年以内に開始した各事業年度の所得の金額の計算上損金の額に算入される教育訓練費の額の合計額を、当該1年以内に開始した各事業年度の数で除して計算した金額をいい（H30措法42の12の5③十二）、中小企業者等向けの上乗せ控除制度の適用要件の判定に用いられる。

　この点に関し、当該各事業年度の月数と適用年度の月数が異なる場合には、当該教育訓練費の額に当該適用年度の月数を乗じてこれを当該各事業年度の月数で除して計算した金額に補正される（月数補正）。

　なお、中小企業比較教育訓練費の額がゼロである場合には、適用年度の教育訓練費の状況に応じて以下のように取り扱われる（H30措令27の12の5㉔）。

---

① **適用年度の教育訓練費の額がゼロである場合**
　　中小企業比較教育訓練費に関する要件を満たさないものとする。

② **適用年度の教育訓練費の額が発生している場合**
　　中小企業比較教育訓練費に関する要件を満たすものとする。

　したがって、過去において教育訓練費の支出がなく、当事業年度（適用年度）に初めて教育訓練費を支出する場合には、中小企業比較教育訓練費に係る要件を満たすものとして、上乗せ控除の適用を受けることができる。

121

第**6**章

雇用促進税制との併用

第1節 併用に伴う調整計算の概要

　本税制は、おなじく雇用政策の一環として定められている雇用促進税制（地方活力向上地域等において雇用者の数が増加した場合の法人税額の特別控除）（措法42の12。以下単に「雇用促進税制」という）との重複適用（併用）が認められている[1]。

　平成25年度の税制改正によって所得拡大促進税制が創設された際には、政策目的が重複しているとして、雇用促進税制の適用を受ける事業年度については所得拡大促進税制の適用を受けることができないこととされていたが、平成28年度の税制改正により雇用促進税制の適用範囲が限定された[2]ことを受け、制度の併用が認められることとなったという経緯がある。

　ただし、両制度の重複適用により税額控除のメリットを重複して享受することを避けるため、適用年度において雇用促進税制の適用を受ける場合には、本税制の税額控除限度額の計算上、雇用促進税制の計算の基礎となった雇用者に対する給与等支給額として計算された金額を控除対象新規雇用者給与等支給額または控除対象雇用者給与等支給増加額から控除することとされた（措法42の12の5①②、措令27の12の5①②）。

1　震災特例法における雇用促進税制（特定復興産業集積区域等において被災雇用者等を雇用した場合の法人税額の特別控除）との併用は認められていない（震災特例法17の3②四、17の3の2③五、17の3の3②五）。

2　雇用促進税制の対象が、雇用機会が不足している地域（同意雇用開発促進地域）における「無期かつフルタイムの新規雇用者」に限定された。

1 人材確保等促進税制における調整計算

　控除対象新規雇用者給与等支給額から控除する金額（雇用者給与等支給増加重複控除額）は、以下の算式によって計算される（措令27の12の5①）。

$$\frac{調整雇用者給与等支給額}{適用年度末の雇用者（※1）の数} \times 控除対象者数（※2） \times 20\%$$

（＊1）雇用促進税制における「雇用者」の定義は、人材確保等促進税制および所得拡大促進税制における「国内雇用者」の定義と異なるため注意が必要である（次節を参照されたい）。

（＊2）控除対象者数は、雇用促進税制の適用対象者のうち人材確保等促進税制の適用対象者と重複するものとして調整の対象となる数をいう。

　控除対象者数は、次ページ表のとおり計算された数とされる（措令27の12の5①一）。ただし、地方事業所基準雇用者数を限度とする。

126　第6章　雇用促進税制との併用

雇用促進税制の適用関係		適用年度における数
地方事業所基準雇用者数 に係る措置 （措法42の12①）	①	特定新規雇用者基礎数
地方事業所特別基準 雇用者数に係る措置 （措法42の12②）	②	移転型基準雇用者数のうち、移転型新規雇用者総数に達するまでの数
	③	特定新規雇用者基礎数のうち、移転型特定新規雇用者数に達するまでの数
控除対象者数（①－②－③）		

2 所得拡大促進税制における調整計算 ||||

　控除対象雇用者給与等支給増加額から控除する金額（雇用者給与等支給増加重複控除額）は、人材確保等促進税制における調整計算を準用する形で定められているため、基本的には同じである（措令27の12の5②）。

$$\frac{調整雇用者給与等支給額}{適用年度末の雇用者の数} \times 控除対象者数 \times 20\%$$

　ただし、地方事業所特別基準雇用者数に係る措置の適用を受ける場合の調整計算については字句の読替が含まれており、次ページ表のとおり計算された数とされる（措令27の12の5②）。実際には、令和3年度改正前の調整計算と同じ内容になっている（R2措令27の12の5①②）。

127

雇用促進税制の適用関係		適用年度における数
地方事業所基準雇用者数に係る措置 （措法42の12①）	①	特定新規雇用者基礎数
	②	地方事業所基準雇用者数から新規雇用者総数を控除した数
地方事業所特別基準雇用者数に係る措置 （措法42の12②）	③	移転型基準雇用者数
	④	特定新規雇用者基礎数のうち移転型新規雇用者数に達するまでの数
	⑤	地方事業所基準雇用者数から新規雇用者総数を控除した数のうち、移転型非新規基準雇用者数に達するまでの数
		控除対象者数　（①＋②＋③－④－⑤）

3 経過措置

　雇用促進税制の適用年度は、地方活力向上地域等特定業務施設整備計画の認定を受けた日から同日の翌日以後2年を経過する日までの期間内の日を含む事業年度をいうことから、引き続き令和2年度税制改正前の雇用促進税制の適用を受けるケースもある。

　人材確保等促進税制または所得拡大促進税制（令和3年度税制改正後）との併用に伴う調整計算については、なお従前の取扱いによることとされるから、このときの調整計算における「控除対象者数」の算定は次ページ表のとおりとなる（改正措令附則20①）。

雇用促進税制の適用関係		適用年度における数
地方事業所基準雇用者数に係る措置 （措法42の12①）	①	特定新規雇用者基礎数
	②	新規雇用者総数から特定新規雇用者数を控除した数のうち、その新規雇用者総数の40％に相当する数に達するまでの数
地方事業所特別基準雇用者数に係る措置 （措法42の12②）	③	移転型基準雇用者数のうち移転型新規雇用者総数に達するまでの数
	④	特定新規雇用者基礎数のうち移転型特定新規雇用者数に達するまでの数
	⑤	新規雇用者総数の40％に相当する数のうち移転型非特定新規雇用者数に達するまでの数
控除対象者数（①＋②＋③－④－⑤）		

第2節　雇用促進税制における用語の定義

　雇用促進税制においても、似たような用語が多く用いられていることから、本章の理解に必要と考えられる用語の定義について下表にまとめておくこととする。

　なお、雇用促進税制の制度そのものの説明は、本書では割愛する。

【雇用促進税制における主な用語の定義】

用　語	定　義
雇用者 （措法42の12⑤三）	法人の使用人（役員、役員の特殊関係者および使用人兼務役員を除く）のうち雇用保険の一般被保険者に該当するもの
特定雇用者 （措法42の12⑤七）	次に掲げる要件を満たす雇用者 ● その法人との間で労働契約法第17条第１項に規定する有期労働契約以外の労働契約を締結していること。 ● 短時間労働者の雇用管理の改善等に関する法律第２条に規定する短時間労働者でないこと。
基準雇用者数 （措法42の12⑤五）	適用年度終了の日における雇用者の数から当該適用年度開始の日の前日における雇用者（当該適用年度終了の日において高年齢雇用者に該当する者を除く）の数を減算した数

130　　第６章　雇用促進税制との併用

用　語	定　義
特定新規雇用者基礎数 （措法42の12①二イ）	適用年度の地方事業所基準雇用者数（これが適用年度の基準雇用者数を超える場合には、当該基準雇用者数）のうち当該適用年度の特定新規雇用者数に達するまでの数
地方事業所基準雇用者数 （措法42の12⑤六）	適用年度開始の日から起算して2年前の日から当該適用年度終了の日までの間に地方活力向上地域等特定業務施設整備計画について計画の認定を受けた法人の当該計画の認定に係る特定業務施設（「適用対象特定業務施設」という）のみを当該法人の事業所とみなした場合における基準雇用者数として証明された数
特定新規雇用者数 （措法42の12⑤八）	適用対象特定業務施設において適用年度に新たに雇用された特定雇用者で当該適用年度終了の日において当該適用対象特定業務施設に勤務するものの数として証明された数
移転型特定新規雇用者数 （措法42の12①二イ）	移転型特定業務施設において当該適用年度に新たに雇用された特定雇用者で当該適用年度終了の日において当該移転型特定業務施設に勤務するものの数として証明された数
移転型基準雇用者数 （措法42の12①二ロ）	移転型特定業務施設のみを当該法人の事業所とみなした場合における当該適用年度の基準雇用者数として証明された数

用　語	定　義
新規雇用者総数 （措法42の12⑤九）	適用対象特定業務施設において適用年度に新たに雇用された雇用者で当該適用年度終了の日において当該適用対象特定業務施設に勤務するものの総数として証明された数
移転型新規雇用者総数 （措令27の12⑤）	移転型特定業務施設において適用年度に新たに雇用された雇用者で当該適用年度終了の日において当該移転型特定業務施設に勤務するものの総数として証明された数
移転型非新規基準雇用者数 （措法42の12①二ロ）	移転型基準雇用者数から当該移転型新規雇用者総数を控除した数
移転型非特定新規雇用者数 （H31措法42の12①二ロ(2)）	移転型新規雇用者総数から移転型特定新規雇用者数を控除した数のうち当該非特定新規雇用者数に達するまでの数

第3節 調整前法人税額の意義

　本税制の控除上限額の計算基礎となる「調整前法人税額」とは、他の規定による税額控除の適用を受ける前の法人税額のことを指し、具体的には、以下の規定を適用しないで計算した法人税額（附帯税の額を除く）をいう（措法42の4⑧二、措令27の4⑥）。

　このような調整計算が必要なのは、控除上限額の計算上、他の規定による税額控除の影響を排除しなければ適切な控除を受けられなくなるためである。

【調整前法人税額の算定に際し適用しないこととされる規定】

条項番号	制度の名称
措法42の4	試験研究を行った場合の法人税額の特別控除（**研究開発税制**）
措法42の6②③	中小企業者等が機械等を取得した場合の法人税額の特別控除
措法42の9①②	沖縄の特定地域において工業用機械等を取得した場合の法人税額の特別控除
措法42の10②	国家戦略特別区域において機械等を取得した場合の法人税額の特別控除
措法42の11②	国際戦略総合特別区域において機械等を取得した場合の法人税額の特別控除

133

条項番号	制度の名称
措法42の11の2②	地域経済牽引事業の促進区域内において特定事業用機械等を取得した場合の法人税額の特別控除（地域未来投資促進税制）
措法42の11の3②	地方活力向上地域等において特定建物等を取得した場合の法人税額の特別控除（地方拠点強化税制：オフィス減税）
措法42の12	地方活力向上地域等において雇用者の数が増加した場合の法人税額の特別控除（地方拠点強化税制：雇用促進税制の特例）
措法42の12の2	認定地方公共団体の寄附活用事業に関連する寄附をした場合の法人税額の特別控除（企業版ふるさと納税）
措法42の12の4②③	中小企業者等が特定経営力向上設備等を取得した場合の法人税額の特別控除（中小企業等投資促進税制）
措法42の12の5	給与等の支給額が増加した場合の法人税額の特別控除（人材確保等促進税制、所得拡大促進税制）
措法42の12の6②	認定特定高度情報通信技術活用設備を取得した場合の法人税額の特別控除（5G投資促進税制）
措法42の12の7④〜⑥	事業適応設備を取得した場合等の法人税額の特別控除（DX投資促進税制、カーボンニュートラル投資促進税制）

134　第6章　雇用促進税制との併用

条項番号	制度の名称
措法66の7⑤	課税対象金額または部分課税対象金額に係る外国法人税額の特別控除（タックスヘイブン対策税制）
措法66の9の3④	課税対象金額に係る外国法人税額の特別控除（コーポレート・インバージョン対策税制）
措法62①	使途秘匿金の支出がある場合の課税の特例
措法62の3①⑨	土地の譲渡等がある場合の特別税率（土地重課：現在適用停止中）
措法63①	短期所有に係る土地の譲渡等がある場合の特別税率（土地重課：現在適用停止中）
法法67～70の2	同族会社の特別税率、所得税額控除、外国税額控除、仮装経理に基づく過大申告の場合の更正に伴う法人税額の控除
法法144	外国法人に係る所得税額控除
法法144の2～144の2の3	外国法人に係る外国税額控除、分配時調整外国税相当額の控除、税額控除の順序

135

➡ 補 足

調整前法人税額から控除しない金額（調整前法人税額超過額）

　法人が複数の税額控除制度の適用を受けようとする場合において、各制度の税額控除可能額の合計額が当該法人の事業年度の所得に対する調整前法人税額の90％相当額を超えるときは、その超える部分の金額（調整前法人税額超過額）は、その調整前法人税額から控除されない、すなわち税額控除できないということである（措法42の13①）。

　これは、複数の税額控除制度を適用する結果、各制度の税額控除可能額を単純に合計するとその事業年度の法人税額を超過し結果的に法人税額がゼロとなってしまうような状況も考えられることから、複数の税額控除制度を適用する場合であっても、調整前法人税額の10％相当額を税額控除制度全体の控除上限額とするための調整規定である。

　税額控除の制度によっては控除可能期間が複数年度にわたるものもあることから、その調整前法人税額超過額は、控除可能期間が最も長いものから順次構成される。控除可能期間が長いものは、その事業年度で調整前法人税額から控除できないとしても、翌年度以降再び控除する機会を得られると考えられるためである。

　ここで「控除可能期間」とは、この規定の適用を受けた事業年度終了の日の翌日から、各税制の繰越税額控除に関する規定を適用した場合に各事業年度の所得に対する調整前法人税額から控除することができる最終の事業年度終了の日までの期間をいう（措法42の13②）。

　なお、控除可能期間が同じ複数の税額控除制度がある場合には、法人が選択した順に控除可能期間が長いものとして取り扱われる（措法42の13⑨、措令27の13①）。

　したがって実務的には、調整前法人税額超過額を別表6(6)において計算した上で、それぞれの税額控除制度における当期税額控除可能額のうち、法人の選択により調整前法人税額超過額を構成するものを選択する

136　第6章　雇用促進税制との併用

こととなる。

【調整前法人税額超過額の対象となる税額控除の制度（別表 6 ⑹の記載対象）】

区　分[3]	対応する条項番号	別　表	制度の名称
第 1 号	措法42の 4 ①	6 ⑻	一般試験研究費に係る法人税額の特別控除
第 2 号	措法42の 4 ④	6 ⑼	中小企業者等の試験研究費に係る法人税額の特別控除
第 3 号	措法42の 4 ⑦	6 ⑿	特別試験研究費に係る法人税額の特別控除
第 4 号	措法42の 6 ②③	6 ⒁	中小企業者等が機械等を取得した場合の法人税額の特別控除
第 5 号	措法42の 9 ①②	6 ⒂	沖縄の特定地域において工業用機械等を取得した場合の法人税額の特別控除
第 6 号	措法42の10②	6 ⒃	国家戦略特別区域において機械等を取得した場合の法人税額の特別控除
第 7 号	措法42の11②	6 ⒄	国際戦略総合特別区域において機械等を取得した場合の法人税額の特別控除

3　措法42の13①各号

区　分	対応する条項番号	別　表	制度の名称
第 8 号	措法42の11の 2 ②	6 (18)	地域経済牽引事業の促進区域内において特定事業用機械等を取得した場合の法人税額の特別控除
第 9 号	措法42の11の 3 ②	6 (19)	地方活力向上地域等において特定建物等を取得した場合の法人税額の特別控除
第10号	措法42の12①②	6 (20)	地方活力向上地域等において雇用者の数が増加した場合の法人税額の特別控除
第11号	措法42の12の 2 ①	6 (21)	認定地方公共団体の寄附活用事業に関連する寄附をした場合の法人税額の特別控除
第12号	措法42の12の 4 ②③	6 (23)	中小企業者等が特定経営力向上設備等を取得した場合の法人税額の特別控除
第13号	措法42の12の 5 ①	6 (27)	給与等の支給額が増加した場合の法人税額の特別控除
第14号	措法42の12の 5 ②	6 (28)	中小企業者等の給与等の支給額が増加した場合の法人税額の特別控除
第15号	措法42の12の 6 ②	6 (30)	認定特定高度情報通信技術活用設備を取得した場合の法人税額の特別控除

区　分	対応する条項番号	別　表	制度の名称
第16号	措法42の12の７④～⑥	6㉜	事業適応設備を取得した場合等の法人税額の特別控除
令和３年改正前の第４号	R２措法42の５②	6⒀	高度省エネルギー増進設備等を取得した場合の法人税額の特別控除
令和３年改正前の第14号	R２措法42の12の３②③	6㉒	特定中小企業者等が経営改善設備を取得した場合の法人税額の特別控除
令和３年改正前の第15号	R２措法42の12の５①	6㉔	給与等の引上げおよび設備投資を行った場合の法人税額の特別控除
令和３年改正前の第16号	R２措法42の12の５②	6㉕	中小企業者等が給与等の引上げを行った場合の法人税額の特別控除
令和２年改正前の第17号	H31措法42の12の６	6㉛	革新的情報産業活用設備を取得した場合の法人税額の特別控除
———	震災特例法 ●17の２②③ ●17の２の２②③ ●17の２の３②③	6㉝	特定復興産業集積区域等において機械等を取得した場合の法人税額の特別控除
———	震災特例法 ●17の３① ●17の３の２① ●17の３の３①	6㉞	特定復興産業集積区域等において被災雇用者等を雇用した場合の法人税額の特別控除

第 **7** 章

雇用形態ごとの適用可否

本章では、様々な雇用形態が想定される中で、主な雇用形態ごとに

---

① 「国内新規雇用者」に該当するか
- ● 人材確保等促進税制の適用対象に含まれるか
- ● 新規雇用者給与等支給額の算定対象に含まれるか

② 「国内雇用者」に該当するか
- ● 所得拡大促進税制の適用対象に含まれるか

③ 「継続雇用者」に該当するか
- ● 継続雇用者給与等支給額の[1]算定対象に含まれるか

について検討し、本税制における雇用形態ごとの留意点について整理する。

　なお説明の都合上、60歳定年制を前提とし、年齢について特に断りのない限り60歳未満の者を検討対象とする。また、国内新規雇用者からあらかじめ除外される者（第4章第3節**1**参照）については検討対象外とする。

(1)　60歳未満の正社員

用　語	可否	説　明
国内新規雇用者	○	労働者名簿への記載対象であることから、給与等支給額は人材確保等促進税制の適用対象となる。
	○	雇用保険の一般被保険者に該当することから、新規雇用者給与等支給額への算定対象に含まれる。
国内雇用者	○	賃金台帳への記載対象であることから、給与等支給額は所得拡大促進税制の適用対象となる。

1　人材確保等促進税制および所得拡大促進税制の適用要件には用いられていないが、特定税額控除規定の適用停止措置の適用要件として、引き続き用いることとされている。

用　語	可否	説　明
継続雇用者	○	雇用保険の一般被保険者に該当することから、継続雇用者給与等支給額の算定対象に含まれる。

（2）　60歳以上65歳未満の正社員

用　語	可否	説　明
国内新規雇用者	○	労働者名簿への記載対象であることから、給与等支給額は人材確保等促進税制の適用対象となる。
	○	雇用保険の一般被保険者に該当することから、新規雇用者給与等支給額への算定対象に含まれる。
国内雇用者	○	賃金台帳への記載対象であることから、給与等支給額は本税制の適用対象となる。
継続雇用者	△	雇用保険の一般被保険者に該当するが、雇用状況によって以下の通り異なる。 **【継続雇用者給与等支給額の算定対象に含まれる】** ● 60歳を超えて新規に雇用された場合 ● 定年年齢が65歳に設定されている場合 **【継続雇用者給与等支給額の算定対象に含まれない】** ● 60歳定年後、継続雇用制度の適用を受けている場合

(3)　65歳以上の正社員

用　語	可否	説　明
国内新規 雇用者	○	労働者名簿への記載対象であることから、給与等支給額は人材確保等促進税制の適用対象となる。
	×	雇用保険の一般被保険者に該当しない（高年齢被保険者に該当する）ため、新規雇用者給与等支給額の算定対象に含まれない。
国内雇用者	○	賃金台帳への記載対象であることから、給与等支給額は本税制の適用対象となる。
継続雇用者	×	雇用保険の一般被保険者に該当しない（高年齢被保険者に該当する）ため、継続雇用者給与等支給額の算定対象に含まれない。

(4)　出向者（出向元法人の取扱い）

用　語	可否	説　明
国内新規 雇用者	○	労働者名簿への記載対象であることから、給与等支給額は人材確保等促進税制の適用対象となる。ただし、出向先法人から支払を受ける給与負担金の額は「他の者から支払を受ける金額」として、給与等支給額から控除する（措通42の12の5－2(3)）。
	○	雇用保険の一般被保険者に含まれることから、新規雇用者給与等支給額への算定対象に含まれる。ただし、出向先法人から支払を受ける給与負担金の額は「他の者から支払を受ける金額」として、給与等支給額から控除する（措通42の12の5－2(3)）。

145

用　語	可否	説　明
国内雇用者	○	賃金台帳への記載対象であることから、給与等支給額は本税制の適用対象となる。 ただし、出向先法人から支払を受ける給与負担金の額は「他の者から支払を受ける金額」として、給与等支給額から控除する（措通42の12の5－2（3））。
継続雇用者	○	雇用保険の一般被保険者に該当することから、継続雇用者給与等支給額の算定対象に含まれる。 ただし、出向先法人から支払を受ける給与負担金の額は「他の者から支払を受ける金額」として、給与等支給額から控除する（措通42の12の5－2（3））。

（5）　受入出向者（出向先法人の取扱い）

　出向先で役員または使用人兼務役員となる場合には、国内雇用者には該当しないため本税制の適用対象とならない。以下、出向先で使用人となる場合に限り検討を加える。

用　語	可否	説　明
国内新規雇用者	○	その出向者が出向先法人において賃金台帳に記載されている場合には、出向先法人が出向元法人に対して支払う給与負担金の額は、本税制の適用対象となる（措通42の12の5－3）。
	△	その出向者が出向元法人において雇用保険の一般被保険者に該当するときは、その出向者はその出向先法人においても一般被保険者に該当するものとして、新規雇用者給与等支給額の算定対象に含まれる（措通42の12の5－3）。

用　語	可否	説　明
国内雇用者	△	その出向者が出向先法人において賃金台帳に記載されている場合には、出向先法人が出向元法人に対して支払う給与負担金の額は、本税制の適用対象となる（措通42の12の5－3）。
継続雇用者	×	雇用保険は出向元法人で加入しているのが一般的であり、出向先の雇用保険の一般被保険者に該当しないため、継続雇用者給与等支給額の算定対象には含まれない[2]。

2　条文通りに解釈すると上表の通りであるが、受入出向者に係る給与負担金を（平成30年度改正前の所得拡大促進税制における）継続雇用者給与等支給額の算定対象に含めることについて、平成27年7月1日、国税庁ホームページにおいて「租税特別措置法第42条の12の4の適用における給与負担金の取扱いについて」（東京国税局・事前照会に対する文書回答事例）が公表されている

　本件は、適用法人（事前照会者）が出向者を受け入れている場合において、その出向者が出向元において雇用保険の一般被保険者に該当するときには、その出向者に係る給与負担金を平均給与等支給額（および比較平均給与等支給額）の算定基礎となる「継続雇用者給与等支給額（および継続雇用者比較給与等支給額）」に含まれると解してよいか、という事前照会に対し、その通り解して差し支えないとの回答を得た事例である。

　本件は平成27年3月期の法人税申告に係る取扱いに対するものであり、根拠条文等は当時のものによっている点、および、本事例はあくまでも照会者が示す事実関係を前提とする限り照会者見解の通りで差し支えないとの東京国税局としての見解であって、事前照会者の申告内容等を拘束するものではないし、ましてその他の納税者の申告内容等を拘束するものではないので留意されたい。

(6)　嘱託社員・契約社員

用　語	可否	説　明
国内新規雇用者	△	いずれも労働者名簿への記載対象となるが、雇用関係成立前の状況によって該当可否が異なる。 **【該当する場合】** その法人と直前まで雇用契約がなく、新規に嘱託社員等として雇用された場合には、国内新規雇用者に該当するものとして、給与等支給額は人材確保等促進税制の適用対象となる。 **【該当しない場合】** その法人の正社員を退職後引き続き嘱託社員等として雇用される場合には、国内新規雇用者に該当しない（正社員となった日から1年を超えている場合に限る）。
	△	国内新規雇用者に該当する場合で、雇用保険の一般被保険者に該当する場合には、新規雇用者給与等支給額の算定対象に含まれる。
国内雇用者	○	賃金台帳への記載対象であることから、給与等支給額は本税制の適用対象となる。
継続雇用者	△	その者が雇用保険の一般被保険者に該当する場合には、継続雇用者給与等支給額の算定対象に含まれる。

(7) 派遣社員

用　語	可否	説　明
国内新規雇用者	×	労働基準法第107条に定める労働者名簿ではなく、労働者派遣法第42条に定める「派遣先管理台帳」の記載対象となるため、国内新規雇用者に該当せず人材確保等促進税制の適用対象とならない。
	×	国内新規雇用者に該当しない以上、新規雇用者給与等支給額の算定対象にも含まれない。
国内雇用者	×	労働基準法第108条に定める賃金台帳ではなく、労働者派遣法第42条に定める「派遣先管理台帳」の記載対象となるため、派遣社員は国内雇用者に該当せず所得拡大促進税制の適用対象とならない。
継続雇用者	×	国内雇用者に該当しない以上、継続雇用者にも該当しないため、継続雇用者給与等支給額の算定対象に含まれない。

(8) 外国人社員（国内で勤務する外国人社員）

用　語	可否	説　明
国内新規雇用者	○	労働者名簿への記載対象であることから、給与等支給額は人材確保等促進税制の適用対象となる。
	○	雇用保険の一般被保険者に該当することから、新規雇用者給与等支給額への算定対象に含まれる。
国内雇用者	○	賃金台帳への記載対象であることから、給与等支給額は所得拡大促進税制の適用対象となる。
継続雇用者	○	雇用保険の一般被保険者に該当することから、継続雇用者給与等支給額の算定対象に含まれる。

(9) 海外勤務社員（国外で勤務する日本人社員）

用　語	可否	説　明
国内新規雇用者	×	国内の事業所に勤務していないため国内雇用者に該当せず、人材確保等促進税制の適用対象とならない。
	×	国内雇用者に該当しない以上、国内新規雇用者にも該当しないため、新規雇用者給与等支給額の算定対象に含まれない。
国内雇用者	×	国内の事業所に勤務しておらず、国内雇用者に該当せず所得拡大促進税制の適用対象とならない。
継続雇用者	×	国内雇用者に該当しない以上、継続雇用者にも該当しないため、継続雇用者給与等支給額の算定対象に含まれない。

(10) 長期海外出張社員

用　語	可否	説　明
国内新規雇用者	○	長期海外出張であっても、国内事業所の労働者名簿への記載対象である限り、給与等支給額は人材確保等促進税制の適用対象となる。
	○	長期海外出張であっても、雇用保険の一般被保険者に該当する限り、新規雇用者給与等支給額への算定対象に含まれる。
国内雇用者	○	賃金台帳への記載対象であることから、給与等支給額は所得拡大促進税制の適用対象となる。
継続雇用者	○	雇用保険の一般被保険者に該当することから、継続雇用者給与等支給額の算定対象に含まれる。

（11）　パート、アルバイト

用　語	可否	説　明
国内新規雇用者	○	労働者名簿への記載対象であることから、給与等支給額は人材確保等促進税制の適用対象となる。
	△	雇用保険の一般被保険者に該当する場合には、新規雇用者給与等支給額への算定対象に含まれる。
国内雇用者	○	賃金台帳への記載対象であることから、給与等支給額は所得拡大促進税制の適用対象となる。
継続雇用者	△	雇用保険の一般被保険者に該当する場合には、継続雇用者給与等支給額の算定対象に含まれる。

（12）　日雇い労働者

用　語	可否	説　明
国内新規雇用者	×	労働者名簿への記載対象に含まれないことから、国内新規雇用者に該当せず人材確保等促進税制の適用対象とならない。
	×	国内新規雇用者に該当しない以上、新規雇用者給与等支給額の算定対象にも含まれない。
国内雇用者	○	賃金台帳への記載対象であることから、給与等支給額は本税制の適用対象となる。
継続雇用者	×	雇用保険一般被保険者に該当しない（日雇労働被保険者）ため、継続雇用者給与等支給額の算定対象に含まれない。

第8章

組織再編成が行われた場合

本税制を適用しようとする法人において合併、分割等（分割、現物出資、現物分配）の組織再編成が行われた場合には、企業規模が著しく変動することとなるため、前事業年度の給与等支給額や教育訓練費との比較を行う局面で組織再編成前の金額をそのまま用いることは合理的でないことから、比較の対象とされる金額について組織再編成による影響を加味して調整することとしている。

　そこで本章では、組織再編成が行われた場合の各種金額の調整計算について説明する。

第1節 調整計算の全体像

　例えばある法人が他の法人を吸収合併した場合、合併日をもって被合併法人の従業者が合併法人に引き継がれることにより、合併法人の国内雇用者に対する給与等支給額が合併前と比較して著しく増加することが考えられる。

　また、ある法人が会社分割によって事業の一部を他の法人に移転した場合、分割日をもって分割法人の従業者の一部が分割承継法人に移転することにより、分割法人の国内雇用者に対する給与等支給額が分割前と比較して著しく減少することが考えられる。

　このように、合併や分割等の組織再編成が行われる場合には、組織再編成日の前後で給与等支給額や教育訓練費の額に著しい変動が生じることがある。こうした著しい変動は、自助努力による給与等支給額の増加または教育訓練費の額の増加とは無関係に生じるものであり、その影響により適用要件の充足に影響を及ぼすことや税額控除限度額が増減することは不合理である。

　そこで、一定の組織再編成が行われた場合には、それによって生じる給与等支給額または教育訓練費の額の著しい変動による影響を排除するための調整計算規定が設けられている（措法42の12の5⑥）。

　調整計算の対象となる組織再編成は合併、分割等（分割、現物出資、現物分配）であり、分割等については分割法人等と分割承継法人等のそれぞれについて調整計算が規定されている。また、調整計算の対象とな

るのは、新規雇用者比較給与等支給額、比較雇用者給与等支給額[1]および比較教育訓練費の額であり、申告書には調整計算後の金額を直接記入することとなる。

調整計算は、その組織再編成がいつ行われたかにより調整方法が異なることから、①適用年度中に組織再編成が行われた場合の調整計算と、②「基準日（または教育訓練費基準日）」から適用年度開始日の前日までに組織再編成が行われた場合の2つの場合に分けて規定されている（基準日については後述）。

以上をふまえ、調整計算に関する条文をマッピングすると次ページ表のようになる。

1　給与等に充てるための雇用調整助成金額があるときは、比較雇用者給与等支給額の調整計算上、その給与等支給額から雇用安定助成金額を控除した金額を用いる（措令27の12の5㉑二）。

		吸収合併	分割等 (分割、現物出資または現物分配)	
		合併法人	分割法人等	分割承継 法人等
新規雇用者比較給与等支給額	適用年度に行われた組織再編成	措令27の12の5⑦一	措令27の12の5⑨一イ	措令27の12の5⑨二イ
	基準日から適用年度開始日の前日までの期間内に行われた組織再編成	措令27の12の5⑦二	措令27の12の5⑨一ロ	措令27の12の5⑨二ロ
比較雇用者給与等支給額	適用年度に行われた組織再編成	措令27の12の5⑳ （第7項第1号を準用）	措令27の12の5⑳ （第9項第1号イを準用）	措令27の12の5⑳ （第9項第2号イを準用）
	基準日から適用年度開始日の前日までの期間内に行われた組織再編成	措令27の12の5⑳ （第7項第2号を準用）	措令27の12の5⑳ （第9項第1号ロを準用）	措令27の12の5⑳ （第9項第2号ロを準用）
比較教育訓練費の額	教育訓練費基準日から適用年度終了日までの期間内に行われた組織再編成	措令27の12の5⑮ （第7項を準用）	措令27の12の5⑯ （第9項を準用）	
	適用年度において行われた分割等			措令27の12の5⑯ （第9項を準用）
	教育訓練費基準日から適用年度開始日の前日までの期間内に行われた分割等			措令27の12の5⑯ （第9項を準用）

第2節 「基準日」の意義

　組織再編成が行われた場合の調整計算に当たっては、その基礎となる計算期間に関連して「基準日」という概念が設けられている。

　その上で、「基準日」から「適用年度開始の日の前日」までを「調整対象年度」として、これに含まれる各事業年度の給与等支給額を基礎として新規雇用者比較給与等支給額および比較雇用者給与等支給額を計算することとされた（詳細は後述）。

　基準日は原則として前事業年度等（適用年度開始の日の前日を含む事業年度等）の開始の日とされるが（措令27の12の5⑫二）、前事業年度等の月数と適用年度の月数が異なる場合には、その大小関係に応じてその取扱いが異なる。

　まずは、全体像についてフローチャート形式で示すと下図のようになる。

【基準日の取扱い】

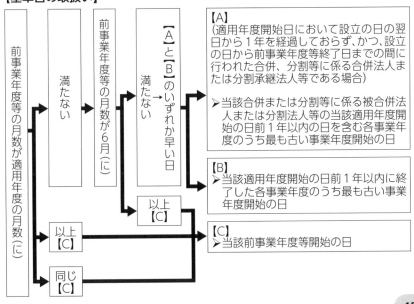

前事業年度の月数が6月に満たない場合について複雑な取扱いとなっているのは、前事業年度が短すぎるため賞与等を含めた1年間の給与等支給額の月平均額が適用年度における状況と整合せず、それだけでは適切な比較を行うことができないおそれがあるためである。

　そこでこのような場合には、前事業年度の開始日とは別の「基準日」を定めた上で「基準日から適用事業年度開始日の前日」までの期間（調整対象年度）を設定することによって、少なくとも1年以上の集計期間を確保して適切な金額比較を可能せしめるという趣旨による。

　なお、基準日の取扱いにはいくつかの制限事項が付されており（脚注参照）、実際の適用に当たっては十分留意する必要がある。

1 前事業年度等の月数が適用年度の月数に満たない場合で、かつ、月数が6月に満たない場合

基準日は以下のいずれか早い日とされる（措令27の12の5⑫一）。

【A】　当該適用年度開始の日においてその設立の日の翌日以後1年（当該適用年度が1年に満たない場合には、当該適用年度の期間）を経過していない場合であり、かつ、当該法人が当該設立の日から当該適用年度開始の日の前日までの期間内に行われた合併、分割、現物出資または現物分配[2]に係る合併法人または分割承継法人等である場合[3]における

2　当該現物分配が残余財産の全部の分配である場合には、当該設立の日から当該前事業年度等の終了の日の前日までの期間内においてその残余財産が確定したものとし、その分割、現物出資または現物分配に係る移転給与等支給額がゼロである場合における当該分割、現物出資または現物分配を除く。

3　当該設立の日から当該合併、分割、現物出資または現物分配の日の前日（当該現物分配が残余財産の全部の分配である場合には、その残余財産の確定の日）までの期間に係る給与等支給額がゼロである場合に限る。

当該合併、分割、現物出資または現物分配に係る被合併法人または分割法人等の当該適用年度開始の日前1年以内の日を含む各事業年度（当該被合併法人または分割法人等の設立の日以後に終了した事業年度に限る）のうち最も古い事業年度開始の日。

【B】　当該適用年度開始の日前1年以内に終了した各事業年度（設立の日以後に終了した事業年度に限る）のうち最も古い事業年度の開始の日。

2　1以外の場合

【C】　基準日は前事業年度等の開始の日とされる（措令27の12の5⑫二）。

➡ 補　足

図による解説

【A】のケース

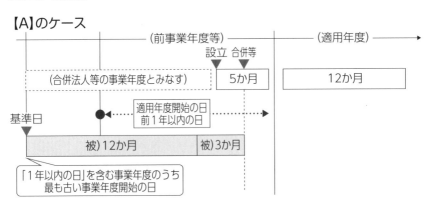

【解説】

　このケースは、設立後間もなく合併等が行われた場合であって、設立事業年度が6月に満たない場合を想定しており、このときの基準日は、適用年度開始の日前1年以内の日を含む被合併法人等の各事業年度のうち、最も古い事業年度の開始の日とされる。

設立間もない適用対象法人が合併等により給与等を支給することとなる場合には、被合併法人等の事業年度のうち合併法人等の設立前の期間に対応する事業年度を合併法人等の事業年度等とみなして新規雇用者比較給与等支給額および比較雇用者給与等支給額の計算を行うこととなる（詳細は後述）。

【B】のケース

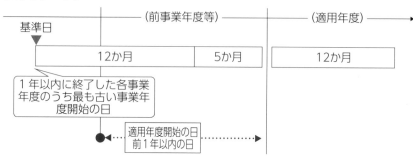

【解説】

　このケースは、決算日変更等の理由でみなし事業年度が設定された影響などにより、前事業年度の月数が6月に満たない場合を想定している。

　このときの基準日は、適用年度開始の日前1年以内に終了した各事業年度のうち、最も古い事業年度の開始の日となる。

　なお、「適用年度開始の日前1年以内に終了した各事業年度」という表現は、新規雇用者比較給与等支給額および比較雇用者給与等支給額の月数調整規定（措令27の12の5⑥二イ、⑳）における「前1年事業年度」と全く同じ期間を指すこととなる。

【C】のケース

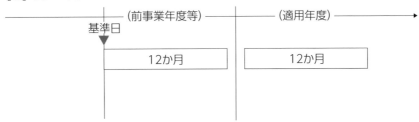

【解説】

　このケースは、【A】【B】以外の一般的な場合を想定しており、このときの基準日は前事業年度の開始の日となる。

第3節 合併が行われた場合の調整計算

1 適用年度において合併が行われた場合

　適用年度に合併が行われた場合、合併日の属する月以後、被合併法人から引き継いだ国内雇用者に対する給与等支給額が加味され、雇用者給与等支給額が大きく増加することとなる。

　このとき、合併法人の新規雇用者比較給与等支給額および比較雇用者給与等支給額については、調整対象年度（後述）ごとに、被合併法人の各調整対象年度に係る給与等支給額のうち合併日の属する月から適用年度末までの月数に対応する金額を加算調整した金額に基づき計算することとされた（下図参照）。

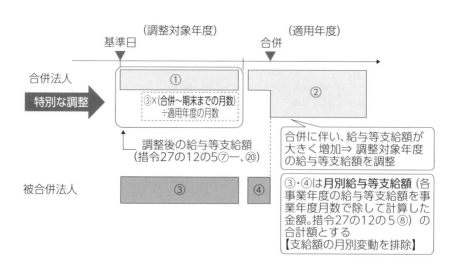

　このような調整計算を加味することによって、調整対象年度において

も合併が行われた適用年度における給与等支給額（前図の②）と同等の状態を擬製することができ、適切な大小比較を可能とする。

【新規雇用者比較給与等支給額および比較雇用者給与等支給額の調整】

以下の金額を合計した額となる（措令27の12の5⑦一、⑳）。

● 合併法人の各調整対象年度（※1）に係る給与等支給額（前図①）
● 被合併法人の各調整対象年度に含まれる月に係る月別給与等支給額（※2）を合計した金額（前図③）に、当該合併の日から当該適用年度終了の日までの期間の月数を乗じてこれを当該適用年度の月数で除して計算した金額

（※1）　調整対象年度

● 調整対象期間（基準日から適用年度開始の日の前日までの期間）に含まれる各事業年度をいう。
● 当該合併法人が「未経過法人」（当該適用年度開始の日においてその設立の日の翌日以後1年[4]を経過していない法人）に該当する場合には、基準日から当該合併法人の設立の日の前日までの期間を当該合併法人の事業年度とみなした場合における当該事業年度を含む。

（※2）　月別給与等支給額

● その合併に係る被合併法人の各事業年度に係る給与等支給額をそれぞれ当該各事業年度等の月数で除して計算した金額を、当該各事業年度等に含まれる月に係るものとみなしたものをいう（措令27の12の5⑧）。
● いわば「月平均額」を各月の支給額とみなすものであり、月ごとの支給額の変動を平準化する意味がある。

4　当該適用年度が1年に満たない場合には、当該適用年度の期間。

2 基準日から適用年度開始の日の前日までの期間に合併が行われた場合

　基準日から適用年度開始の日の前日までの期間に合併が行われた場合の新規雇用者比較給与等支給額および比較雇用者給与等支給額については、合併法人の調整対象年度ごとに、被合併法人の各調整対象年度に係る給与等支給額を加算調整することで、適切な大小比較を可能とする。

　適用年度はその開始日から合併後の規模で給与等の支給が生じていることから、調整対象年度については基準日から合併日の前日までの期間に対応する被合併法人等の月別給与等支給額を加算調整することで、比較の前提が整うことになると考えられる（下図参照）。

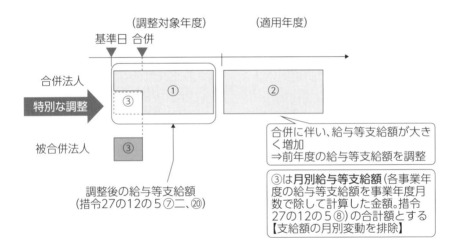

【新規雇用者比較給与等支給額および比較雇用者給与等支給額の調整】

　以下の金額を合計した額となる（措令27の12の5⑦二、⑳）。

- 合併法人の各調整対象年度に係る給与等支給額（上図①）
- 被合併法人の各調整対象年度に含まれる月に係る月別給与等支給額を合計した金額（上図③）

| 第**4**節 | 分割等が行われた場合の調整計算(分割法人等) |

1 適用年度において分割等が行われた場合 ||||

　適用年度に分割等(分割、現物出資、現物分配)が行われた場合、分割等の日の属する月以後、分割承継法人等に引き継いだ国内雇用者に対する給与等支給額が発生しなくなることから、給与等支給額が大きく減少することとなる。

　このとき、分割法人等の新規雇用者比較給与等支給額および比較雇用者給与等支給額については、調整対象年度ごとに、分割承継法人等に移転したと考えられる金額として、各調整対象年度に係る分割法人の移転給与等支給額のうち、分割等の日から適用年度終了日までの期間の月数に対応する金額を減算調整した金額に基づき計算することとされた(次ページ図参照)。

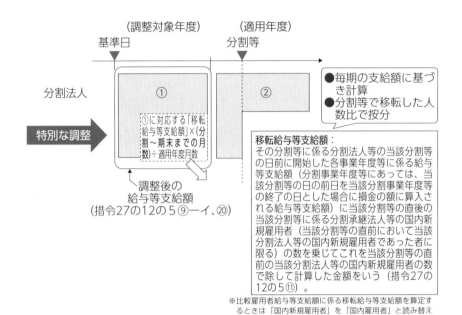

　このような調整計算を加味することによって、調整対象年度においても分割等が行われた適用年度における給与等支給額（前図の②）と同等の状態を擬制することができ、適切な大小比較を可能とする。

【新規雇用者比較給与等支給額および比較雇用者給与等支給額の調整】

　分割法人等の各調整対象年度に係る給与等支給額から、以下の算式によって計算した金額を控除する（措令27の12の5⑨一イ、⑳）。

$$
\text{分割法人等の各調整対象年度に係る移転給与等支給額} \times \frac{\text{分割等の日〜適用年度終了の日までの月数}}{\text{適用年度の月数}}
$$

　ここで「移転給与等支給額」とは、その分割等に係る分割法人等の当該分割等の日前に開始した各事業年度等に係る給与等支給額（分割事業年度等にあっては、当該分割等の日の前日を当該分割事業年度等の終了の日とした場合に損金の額に算入される給与等支給額）に当該分割等の直後の当該分割等に係る分割承継法人等の国内新規雇用者[5]（当該分割等の直前において当該分割法人等の国内新規雇用者であった者に限る）の数を乗じて、これを当該分割等の直前の当該分割法人等の国内新規雇用者の数で除して計算した金額をいう（措令27の12の5⑪、⑳）。

　計算式で表現すると以下のようになる。

$$
\text{移転給与等支給額} = \text{分割法人等の各事業年度の給与等支給額} \times \frac{\text{分割等により分割承継法人に移転した分割法人等の国内新規雇用者の数}}{\text{分割等の直前における分割法人等の国内新規雇用者の数}}
$$

　このように、分割等によって分割承継法人等に移転した分割法人等の国内新規雇用者の数に対応する給与等支給額を「移転給与等支給額」として計算し、これに月数補正を加味したものを、調整対象年度における

5　比較雇用者給与等支給額に係る移転給与等支給額を算定するときは「国内新規雇用者」を「国内雇用者」と読み替える（措令27の12の5⑳）。

分割法人等の給与等支給額から控除するという調整を行っているということである。

2 基準日から適用年度開始の日の前日までの期間に分割等が行われた場合

適用年度は年度を通じて全て分割等実施後の規模で給与等支給額が発生することとなるが、引き続き、調整対象年度の給与等支給額について調整が必要となる（下図参照）。

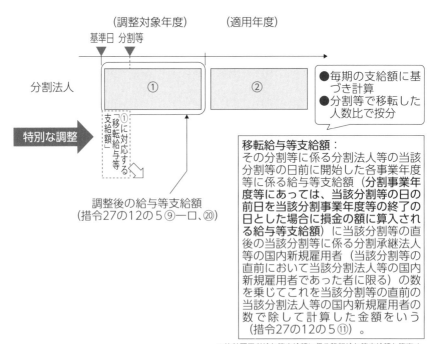

※比較雇用者給与等支給額に係る移転給与等支給額を算定するときは「国内新規雇用者」を「国内雇用者」と読み替える（措令27の12の5⑳）。

【新規雇用者比較給与等支給額および比較雇用者給与等支給額の調整】

　基準日から適用年度開始の日の前日までの期間内において分割等が行われている場合、分割法人等の調整対象年度に係る給与等支給額から、当該分割法人等の当該調整対象年度に係る移転給与等支給額を控除する（措令27の12の5⑨一ロ、⑳）。

　この点に関し、移転給与等支給額の計算基礎となる分割法人等の各事業年度の給与等支給額の算定に当たり、その事業年度が分割等の日を含む事業年度（分割事業年度等）である場合には、「当該分割等の日の前日を当該分割事業年度等の終了の日とした場合に損金の額に算入される給与等支給額」とされている点に留意が必要である。これは、移転給与等支給額の按分計算が必要なのは、あくまでも分割前の企業規模を前提に支給された給与等の額のみであって、分割後の給与等支給額を按分計算に含めるのは適切でないという考え方によるものである。また、合併時の調整計算における「月別給与等支給額」のような月平均額への補正も行われない。あくまでも実際支給額に基づき算定される点にも留意しておきたい。

　したがって、調整対象年度に分割等の日が含まれている場合における移転給与等支給額の計算は、基準日から分割等の日の前日を1事業年度とみなして、その事業年度中に損金の額に算入される給与等支給額を基礎として計算することとなる。

第5節 分割等が行われた場合の調整計算（分割承継法人等）

分割承継法人等の取扱いは、合併法人の取扱いと基本的に同じである。

1 適用年度において分割等が行われた場合

適用年度に分割等が行われた場合、分割等の日の属する月以後、分割法人等から引き継いだ国内雇用者に対する給与等支給額が加味され、給与等支給額が大きく増加することとなる。

このとき、分割承継法人等の新規雇用者比較給与等支給額および比較雇用者給与等支給額については、調整対象年度ごとに、分割法人等の各調整対象年度に係る移転給与等支給額のうち分割等の日の属する月から適用年度末までの月数に対応する金額を加算調整した金額に基づき計算することとされた。これにより適切な大小比較を可能とする（下図参照）。

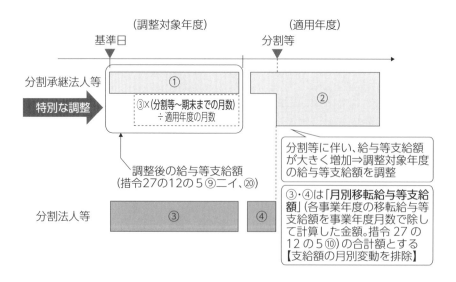

【新規雇用者比較給与等支給額および比較雇用者給与等支給額の調整】

以下の金額を合計した額となる（措令27の12の5⑨ニイ、⑳）。
- 分割承継法人等の各調整対象年度に係る給与等支給額（前図①）
- 分割法人等の各調整対象年度に含まれる月に係る月別移転給与等支給額を合計した金額（前図③）に、当該分割等の日から当該適用年度終了の日までの期間の月数を乗じてこれを当該適用年度の月数で除して計算した金額

ここで「月別移転給与等支給額」とは、その分割等に係る分割法人等の当該分割等の日前に開始した各事業年度等に係る移転給与等支給額をそれぞれ当該各事業年度等の月数（分割等の日を含む事業年度等にあっては、当該分割事業年度等の開始の日から当該分割等の日の前日までの期間の月数）で除して計算した金額を、当該各事業年度等に含まれる月（分割事業年度等にあっては、当該分割事業年度等の開始の日から当該分割等の日の前日までの期間に含まれる月）に係るものとみなしたものをいう（措令27の12の5⑩）。

すなわち月別移転給与等支給額は、分割法人等において算定された「移転給与等支給額」に基づくものであるが、その月別変動を平準化させるために、月平均額を算定しているものである（合併における月別給与等支給額と同趣旨）。

2 基準日から適用年度開始日の前日までの期間において分割等が行われた場合

適用年度は年度を通じて全て分割等実施後の規模で給与等支給額が発生することとなるが、引き続き、前年度の給与等支給額について調整が必要となる（次ページ図参照）。

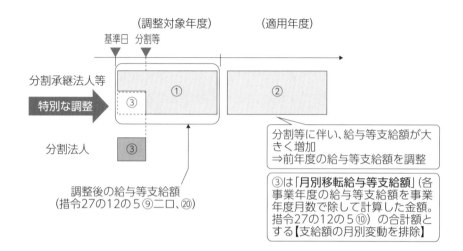

【新規雇用者比較給与等支給額および比較雇用者給与等支給額の調整】

以下の金額を合計した額となる（措令27の12の5⑨二ロ、⑳）。

- 分割承継法人等の各調整対象年度に係る給与等支給額（上図①）
- 分割法人等の各調整対象年度に含まれる月に係る月別移転給与等支給額を合計した金額（上図③）

第6節 比較教育訓練費等に関する調整計算

1 概要

　上乗せ控除のための要件とされている比較教育訓練費についても、組織再編成が行われた場合には一定の調整計算を行うことが必要とされる（措令27の12の5⑮⑯）。

　この点に関し、比較教育訓練費の調整計算に関しては、基本的には新規雇用者比較給与等支給額に関する調整計算の規定を読み替えて適用することとされている。

　具体的には、以下のような読替えを行うことによって計算することとなる（措令27の12の5⑮⑯）。

(1) 対象となる法人

- 教育訓練費基準日から適用年度終了の日までの期間内において行われた合併に係る合併法人
- 教育訓練費基準日から適用年度終了の日までの期間内において行われた分割等に係る分割法人等
- 適用年度において行われた分割等に係る分割承継法人等
- 教育訓練費基準日から適用年度開始の日の前日までの期間内において行われた分割等に係る分割承継法人等

(2) 読替え

- 教育訓練費基準日　⇒　「基準日」
- 教育訓練費未経過法人　⇒　「未経過法人」（165ページ参照）

●教育訓練費の額　⇒　「給与等支給額」

　これをふまえ、比較雇用者給与等支給額に関する調整計算（本章第1節〜5節を参照）に関する定めを読替えて計算をすることとなる。

2 用語の意義

（1）　教育訓練費未経過法人

　当該適用年度開始の日において、その設立の日の翌日以後1年を経過していない法人をいう（措令27の12の5⑮）。

（2）　教育訓練費基準日

　以下のいずれか早い日をいう（措令27の12の5⑮）。

➢ 当該適用法人が教育訓練費未経過法人に該当し、かつ、当該適用法人がその設立の日から当該適用年度開始の日の前日までの期間内に行われた合併、分割、現物出資または現物分配に係る合併法人または分割承継法人等に該当する場合[6]における当該合併、分割、現物出資または現物分配に係る被合併法人または分割法人等の当該適用年度開始の日前1年以内に開始した各事業年度のうち最も古い事業年度開始の日

➢ 当該適用年度開始の日前1年以内に開始した各事業年度等のうち最も古い事業年度開始の日

6　当該設立の日から当該合併、分割、現物出資または現物分配の日の前日までの期間に係る給与等支給額がゼロである場合に限る。

第7節 ケーススタディー

　本節では、新規雇用者比較給与等支給額および比較雇用者給与等支給額の調整計算に関するケーススタディーを紹介するが、いずれの計算方法も同じであることから、単に「給与等支給額」と表記している。

　また、分割等に伴う「移転給与等支給額」の計算で用いられる雇用者の数は、「国内新規雇用者の数」（新規雇用者比較給与等支給額）または「国内雇用者の数」（比較雇用者給与等支給額）であるが、本ケーススタディーでは双方に共通の設例にしている都合上、単に「雇用者の数」と表記している。

【ケーススタディー（1）】
適用年度に行われた合併（前事業年度が6月以上の場合）

　A社（3月決算法人）は2021年9月1日付で、B社（12月決算法人）を吸収合併した。なお、A社の前事業年度は8か月決算であった（2020年8月1日～2021年3月31日）。

　各社の給与等支給額は以下の通りである。

【A社】
- 2020年8月1日～2021年3月31日　　　81,293,695円
- 2021年4月1日～2022年3月31日　　　162,099,611円

【B社】
- 2020年1月1日～2020年12月31日　　　58,603,290円
- 2021年1月1日～2021年8月31日　　　38,716,888円

このとき、A社が未経過法人に該当しないという前提で、A社の適用年度における給与等支給額に関する調整計算は以下のように行う。

(1) 基準日および調整対象年度の把握

前事業年度の月数（8月）は適用年度の月数（12月）に満たないが、前事業年度の月数は6月以上であることから、基準日は当該前事業年度開始の日とされる（措令27の12の5⑫二）。

本件では、基準日は2020年8月1日ということになり、調整対象年度は基準日（2020年8月1日）から適用年度開始の日の前日（2021年3月31日）までの期間内の日を含む各事業年度ということになる。

具体的には、A社における調整対象年度は2020年8月1日から2021年3月31日までの単一の事業年度である。

(2) 被合併法人における「調整対象年度に含まれる各事業年度」の把握

次に、B社における「調整対象年度に含まれる各事業年度」について確認すると、以下の2事業年度が該当する。

> ● 2020年1月1日～2020年12月31日
> ● 2021年1月1日～2021年8月31日　（合併直前のみなし事業年度）

(3) 被合併法人の月別給与等支給額の算定

給与等支給額の調整に用いる「月別給与等支給額」は、(2)で把握した調整対象年度に含まれる事業年度ごとに、B社の給与等支給額をそれぞれ当該各事業年度の月数で除して計算する（措令27の12の5⑧）。

事業年度	計算式	月別給与等支給額
2020/01/01 ～ 2020/12/31	58,603,290円÷12月	4,883,607円
2021/01/01 ～ 2021/08/31	38,716,888円÷ 8月	4,839,611円

その上で、Ａ社の調整対象年度に含まれる月（2020年 8月から2021年 3月）のＢ社の月別給与等支給額を合計する。

年　　月	月別給与等支給額
2020年 8月	4,883,607円
2020年 9月	4,883,607円
2020年10月	4,883,607円
2020年11月	4,883,607円
2020年12月	4,883,607円
2021年 1月	4,839,611円
2021年 2月	4,839,611円
2021年 3月	4,839,611円
合　　計	38,936,868円

(4)　給与等支給額の調整計算

　Ａ社の給与等支給額に、(3)で算定したＢ社の「月別給与等支給額の合

計額」に当該合併の日から当該適用年度終了の日までの期間の月数（2021年9月～2022年3月までの7か月）を乗じて、これを当該適用年度の月数（12か月）で除して計算した金額を加算する（措令27の12の5⑦一）。

（加算すべき金額）

38,936,868円　×　7月　÷　12月　＝　22,713,173円

（調整後のＡ社の給与等支給額）

81,293,695円　＋　22,713,173円　＝　104,006,868円

(5)　前事業年度の月数と適用年度の月数が異なる場合における給与等支給額の調整計算（前事業年度の月数が6月以上である場合）

　上記の調整後の金額に当該適用年度の月数（12月）を乗じて、これを当該前事業年度の月数（8月）で除して計算する（措令27の12の5⑥二ロ）。

（月数補正後の金額）

104,006,868円　×　12月　÷　8月　＝　156,010,302円

　以上より、Ａ社の調整後の給与等支給額は156,010,302円と算定された。補正計算のイメージを図示すると次ページ図の通りである。

【適用年度において行われた合併に係る合併法人に該当する場合の調整計算[7]】

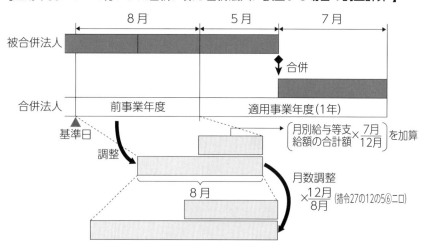

---

7 本章の ケーススタディー (1) および (3) で用いた図は、いずれも財務省「平成30年度 税制改正の解説」より引用。

【ケーススタディー（2）】
ケーススタディー（1）の翌事業年度の取扱い

【ケーススタディー（1）】を前提として、A社の合併翌事業年度（2022年4月1日〜2023年3月31日）における、A社の給与等支給額の調整計算を考えてみよう。

【ケーススタディー（1）】において掲げた各社の給与等支給額の情報を再掲しておく。

【A社】
● 2020年8月1日〜2021年3月31日　　81,293,695円
● 2021年4月1日〜2022年3月31日　　162,099,611円

【B社】
● 2020年1月1日〜2020年12月31日　　58,603,290円
● 2021年1月1日〜2021年8月31日　　38,716,888円

このとき、A社の適用年度における給与等支給額に関する調整計算は以下のように行う。

（1）　基準日および調整対象年度の把握

前事業年度の月数（12月）は適用年度の月数（12月）と同じであるため、基準日は当該前事業年度開始の日とされる（措令27の12の5⑫二）。

本件では、基準日は2021年4月1日ということになり、調整対象年度は基準日（2021年4月1日）から適用年度開始の日の前日（2022年3月31日）までの期間内の日を含む各事業年度ということになる。

具体的には、A社における調整対象年度は2021年4月1日から2022年

182　　第8章　組織再編成が行われた場合

3月31日までの単一の事業年度である。

(2)　被合併法人における「調整対象年度に含まれる各事業年度」の把握

　次に、B社における「調整対象年度に含まれる各事業年度」について確認すると、以下の事業年度のみが該当する。

2021年1月1日〜2021年8月31日　（合併直前のみなし事業年度）

---

(3)　被合併法人の月別給与等支給額の算定

　給与等支給額の調整に用いる「月別給与等支給額」は、(2)で把握した調整対象年度に含まれる事業年度ごとに、B社の給与等支給額をそれぞれ当該各事業年度の月数で除して計算する（措令27の12の5⑧）。

事業年度	計算式	月別給与等支給額
2021/01/01 〜 2021/08/31	38,716,888円÷8月	4,839,611円

　その上で、A社の調整対象年度に含まれる月（2021年4月から2022年3月）のB社の月別給与等支給額を合計する。

年　月	月別給与等支給額
2021年4月	4,839,611円
2021年5月	4,839,611円
2021年6月	4,839,611円
2021年7月	4,839,611円
2021年8月	4,839,611円
合　計	24,198,055円

(4)　給与等支給額の調整計算

　A社の給与等支給額に、(3)で算定したB社の「月別給与等支給額の合計額」を加算する（措令27の12の5⑦二）。

（加算すべき金額）

24,198,055円

（調整後のA社の比較雇用者給与等支給額）

162,099,611円　＋　24,198,055円　＝　186,297,666円

　以上より、A社の調整後の給与等支給額は186,297,666円と算定された。

【ケーススタディー（3）】
適用年度に行われた合併（前事業年度が6月未満の場合）

　C社（3月決算法人）は2021年7月1日付で、D社（6月決算法人）を吸収合併した。なお、C社の前事業年度は4か月決算（2020年12月1日〜2021年3月31日）、前々事業年度は9か月決算（2020年3月1日〜2020年11月30日）であった。

　各社の給与等支給額は以下の通りである。

【C社】
- 2020年3月1日〜2020年11月30日　　　229,184,613円
- 2020年12月1日〜2021年3月31日　　　107,532,149円
- 2021年4月1日〜2022年3月31日　　　322,596,447円

【D社】
- 2019年7月1日〜2020年6月30日　　　　63,311,582円
- 2020年7月1日〜2021年6月30日　　　　66,708,940円

　このとき、C社が未経過法人に該当しないという前提で、C社の適用年度における給与等支給額に関する調整計算は以下のように行う。

(1) 基準日および調整対象年度の把握

　前事業年度の月数（4月）は適用年度の月数（12月）に満たず、かつ前事業年度の月数が6月未満であることから、基準日は当該適用年度開始の日前1年以内に終了した各事業年度のうち最も古い事業年度開始の日とされる（措令27の12の5⑫一ロ）。

　本件では、「当該適用年度開始の前1年以内（2020年4月1日〜2021年3月31日）に終了した各事業年度」として以下の2つが該当する。

185

> ● 2020年 3 月 1 日～ 2020年11月30日（前々事業年度）
> ● 2020年12月 1 日～ 2021年 3 月31日（前事業年度）

　基準日は、このうち最も古い事業年度（前々事業年度）開始の日である2020年 3 月 1 日ということになり、調整対象年度は基準日（2020年 3 月 1 日）から適用年度開始の日の前日（2021年 3 月31日）までの期間内の日を含む各事業年度ということになるから、結局のところ、上の 2 事業年度がそのまま C 社の調整対象年度となる。

(2)　被合併法人における「調整対象年度に含まれる各事業年度」の把握

　次に、D社における「調整対象年度に含まれる各事業年度」について確認すると、以下の 2 事業年度が該当する。

> ● 2019年 7 月 1 日～ 2020年 6 月30日
> ● 2020年 7 月 1 日～ 2021年 6 月30日

(3)　被合併法人の月別給与等支給額の算定

　給与等支給額の調整に用いる「月別給与等支給額」は、(2)で把握した調整対象年度に含まれる事業年度ごとに、D社の給与等支給額をそれぞれ当該各事業年度の月数で除して計算する（措令27の12の 5 ⑧）。

事業年度	計算式	月別給与等支給額
2019/07/01 ～ 2020/06/30	63,311,582円÷12月	5,275,965円
2020/07/01 ～ 2021/06/30	66,708,940円÷12月	5,559,078円

　その上で、C 社の各調整対象年度に含まれる月（2020年 3 月～ 2020年

11月、2020年12月～2021年3月）のD社の月別給与等支給額を合計する。

【調整対象年度その1　（2020年3月1日～2020年11月30日）】

年　月	月別給与等支給額
2020年3月	5,275,965円
2020年4月	5,275,965円
2020年5月	5,275,965円
2020年6月	5,275,965円
2020年7月	5,559,078円
2020年8月	5,559,078円
2020年9月	5,559,078円
2020年10月	5,559,078円
2020年11月	5,559,078円
合　計	48,899,250円

【調整対象年度その2（2020年12月1日〜2021年3月31日）】

年　月	月別給与等支給額
2020年12月	5,559,078円
2021年1月	5,559,078円
2021年2月	5,559,078円
2021年3月	5,559,078円
合　計	22,236,312円

(4)　給与等支給額の調整計算

　C社の調整対象年度ごとに行う調整計算として、(3)で算定したD社の「月別給与等支給額の合計額」に、当該合併の日から当該適用年度終了の日までの期間の月数（2021年7月〜2022年3月までの9か月）を乗じてこれを当該適用年度の月数（12か月）で除して計算した金額を、C社の給与等支給額に加算する（措令27の12の5⑦一）。

【調整対象年度その1（2020年3月1日〜2020年11月30日）】

（加算すべき金額）

48,899,250円　×　9月　÷　12月　＝　36,674,437円

（調整後のC社の比較雇用者給与等支給額）

229,184,613円　＋　36,674,437円　＝　265,859,050円

【調整対象年度その2（2020年12月1日〜2021年3月31日）】

（加算すべき金額）

22,236,312円 × 9月 ÷ 12月 ＝ 16,677,234円

（調整後のC社の比較雇用者給与等支給額）

107,532,149円 ＋ 16,677,234円 ＝ 124,209,383円

　　以上の結果、調整後の比較給与等支給額は、

265,859,050円 ＋ 124,209,383円 ＝ 390,068,433円

となる。

(5)　前事業年度の月数と適用年度の月数が異なる場合における比較雇用者給与等支給額の調整計算（前事業年度の月数が6月未満である場合）

　　当該適用年度開始の日前1年以内に終了した各事業年度（前1年事業年度）に係る給与等支給額の合計額に当該適用年度の月数を乗じて、これを当該前1年事業年度の月数の合計数で除して計算することとなる（措令27の12の5⑥ニイ）。

　　本件における「前1年事業年度」は以下の2事業年度である。

● 2020年3月1日〜2020年11月30日（前々事業年度）
● 2020年12月1日〜2021年3月31日（前事業年度）

　　これは(1)で把握した調整対象年度と同じである。

189

最終的な給与等支給額は、(4)で算定した前1年事業年度に係る給与等支給額390,068,433円に当該適用年度の月数（12月）を乗じて、これを当該前1年事業年度の月数（13月）で除して計算する（措令27の12の5⑥ニイ）。

（月数補正後の金額）

390,068,433円　×　12月　÷　13月　＝　360,063,168円

　以上より、C社の調整後の比較雇用者給与等支給額は360,063,168円と算定された。

　補正計算のイメージを図示すると以下の通りである。

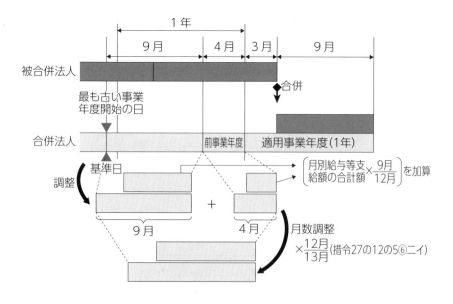

【ケーススタディー（4）】
ケーススタディー（3）の翌事業年度の取扱い

【ケーススタディー（3）】を前提として、C社の合併翌事業年度（2022年4月1日～2023年3月31日）における、C社の給与等支給額の調整計算を考えてみよう。

【ケーススタディー（3）】において掲げた給与等支給額の情報を再掲しておく。

【C社】
● 2020年3月1日～2020年11月30日　　229,184,613円
● 2020年12月1日～2021年3月31日　　107,532,149円
● 2021年4月1日～2022年3月31日　　322,596,447円

【D社】
● 2019年7月1日～2020年6月30日　　　63,311,582円
● 2020年7月1日～2021年6月30日　　　66,708,940円

このとき、C社の適用年度における給与等支給額に関する調整計算は以下のように行う。

(1)　基準日および調整対象年度の把握

前事業年度の月数（12月）は適用年度の月数（12月）と同じであるため、基準日は当該前事業年度開始の日とされる（措令27の12の5⑫二）。

本件では、基準日は2021年4月1日ということになり、調整対象年度は基準日（2021年4月1日）から適用年度開始の日の前日（2022年3月31日）までの期間内の日を含む各事業年度ということになる。

191

具体的には、C社における調整対象年度は2021年4月1日から2022年3月31日までの単一の事業年度である。

(2)　被合併法人における「調整対象年度に含まれる各事業年度」の把握

次に、D社における「調整対象年度に含まれる各事業年度」について確認すると、以下の事業年度のみが該当する。

2020年7月1日～2021年6月30日　（合併直前のみなし事業年度）

(3)　被合併法人の月別給与等支給額の算定

給与等支給額の調整に用いる「月別給与等支給額」は、(2)で把握した調整対象年度に含まれる事業年度ごとに、D社の給与等支給額をそれぞれ当該各事業年度の月数で除して計算する（措令27の12の5⑧）。

事業年度	計算式	月別給与等支給額
2020/07/01 ～ 2021/06/30	66,708,940円÷12月	5,559,078円

その上で、C社の調整対象年度に含まれる月（2021年4月から2022年3月）のD社の月別給与等支給額を合計する。

年　月	月別給与等支給額
2021年4月	5,559,078円
2021年5月	5,559,078円
2021年6月	5,559,078円
合　計	16,677,234円

(4)　給与等支給額の調整計算

　C社の給与等支給額に、(3)で算定したD社の「月別給与等支給額の合計額」を加算する（措令27の12の5⑦二）。

（加算すべき金額）

> 16,677,234円

（調整後のC社の給与等支給額）

> 322,596,447円　＋　16,677,234円　＝　339,273,681円

　以上より、C社の調整後の給与等支給額は339,273,681円と算定された。

【ケーススタディー（5）】
適用年度に行われた分割等（前事業年度が6月以上の場合）

E社（3月決算法人）は2021年7月1日付で、その事業の一部をF社（12月決算法人）に吸収分割により移転した。なお、E社の前事業年度は12か月決算であった（2020年4月1日～2021年3月31日）。

E社の給与等支給額は以下の通りである。
- 2020年4月1日～2021年3月31日　137,298,512円（前事業年度）
- 2021年4月1日～2021年6月30日　32,259,942円（分割日の前日まで）
- 2021年7月1日～2022年3月31日　66,152,157円（分割日以後）

E社の会社分割直前の国内雇用者数は26名であり、このうち11名が会社分割によりF社に移転した。

このとき、E社の適用年度における比較雇用者給与等支給額に関する調整計算は以下のように行う。

(1)　基準日および調整対象年度の把握

前事業年度の月数（12月）は適用年度の月数（12月）と等しいため、基準日は当該前事業年度開始の日とされる（措令27の12の5⑫二）。

本件では、基準日は2020年4月1日ということになり、調整対象年度は基準日（2020年4月1日）から適用年度開始の日の前日（2021年3月31日）までの期間内の日を含む各事業年度ということになる。

具体的には、E社における調整対象年度は2020年4月1日から2021年3月31日までの単一の事業年度である。

194　第8章　組織再編成が行われた場合

(2)　分割法人における「調整対象年度に係る移転給与等支給額」の把握

　次に、E社における「調整対象年度に係る移転給与等支給額」を計算すると、下表のようになる。

項　目		金　額
調整対象年度における給与等支給額	(a)	137,298,512円
分割等の直前における分割法人等の「雇用者の数」	(b)	26人
分割により分割承継法人に移転した分割法人等の「雇用者の数」	(c)	11人
調整対象年度における移転給与等支給額	(a)÷(b)×(c)	58,087,832円

(3)　給与等支給額の調整計算

　E社の給与等支給額から、(2)で算定した「調整対象年度に係る移転給与等支給額」に、当該分割等の日から当該適用年度終了の日までの期間の月数（2021年7月～2022年3月までの9か月）を乗じて、これを当該適用年度の月数（12か月）で除して計算した金額を控除する（措令27の12の5⑨一イ）。

(控除すべき金額)

58,087,832円　×　9月　÷　12月　＝　43,565,874円

（調整後のE社の給与等支給額）

| 137,298,512円 | － | 43,565,874円 | ＝ | 93,732,638円 |

　以上より、E社の調整後の給与等支給額は93,732,638円と算定された。

【ケーススタディー（6）】
ケーススタディー（5）の翌事業年度の取扱い

　【ケーススタディー（5）】を前提として、Ｅ社の分割翌事業年度（2022年4月1日〜2023年3月31日）における、Ｅ社の給与等支給額の調整計算を考えてみよう。

　【ケーススタディー（5）】において掲げた給与等支給額の情報を再掲しておく。

●2020年4月1日〜2021年3月31日　137,298,512円（前々事業年度）
●2021年4月1日〜2021年6月30日　　32,259,942円（分割日の前日まで）
●2021年7月1日〜2022年3月31日　　66,152,157円（分割日以後）

　このとき、Ｅ社の適用年度における給与等支給額に関する調整計算は以下のように行う。

(1)　基準日および調整対象年度の把握

　前事業年度の月数（12月）は適用年度の月数（12月）と等しいため、基準日は当該前事業年度開始の日とされる（措令27の12の5⑫二）。

　本件では、基準日は2021年4月1日ということになり、調整対象年度は基準日（2021年4月1日）から適用年度開始の日の前日（2022年3月31日）までの期間内の日を含む各事業年度ということになる。

　具体的には、Ｅ社における調整対象年度は2021年4月1日から2022年3月31日までの単一の事業年度である。

(2)　分割法人における「調整対象年度に係る移転給与等支給額」の把握

　次に、Ｅ社における「調整対象年度に係る移転給与等支給額」を計算するが、調整対象年度が分割等の日を含む事業年度等（分割事業年度等）

197

である場合には、「当該分割等の前日を当該分割事業年度等の終了の日
とした場合に損金の額に算入される給与等支給額」に基づき計算するこ
ととなる（措令27の12の5⑪）。

項　目		金　額
調整対象年度における給与等支給額	(a)	32,259,942円
分割等の直前における分割法人等の「雇用者の数」	(b)	26人
分割により分割承継法人に移転した分割法人等の「雇用者の数」	(c)	11人
調整対象年度における移転給与等支給額	(a) ÷ (b) × (c)	13,648,437円

(3)　給与等支給額の調整計算

　E社の給与等支給額から、(2)で算定した「調整対象年度に係る移転給
与等支給額」を控除する（措令27の12の5⑨一ロ）。

（控除すべき金額）

13,648,437円

（調整後のE社の給与等支給額）

(32,259,942円 ＋ 66,152,157円) － 13,648,437円 ＝ 84,763,662円

　以上より、E社の調整後の給与等支給額は84,763,662円と算定された。

第 **9** 章

地方税の取扱い

本税制は租税特別措置法において法人税法に対する特例として定められているのであるが、地方税法（法人住民税および法人事業税）においても本税制をふまえた取扱いが定められている。

　そこで本章では、これら地方税における取扱いについて説明する。

第1節 法人住民税の取扱い

　法人住民税（道府県民税および市町村民税）の法人税割の課税標準となる「法人税額」は、本税制その他の租税特別措置の適用を受ける前の法人税額をいう（地法23①四、292①四）。

　したがって、本税制による税額控除を受けた場合であっても、住民税の法人税割の課税標準となる「法人税額」としては、税額控除前の法人税額を用いることとなる。

　ただし中小企業者等については、一定の期間内に開始する各事業年度の法人住民税に限り、税額控除後の法人税額を用いることとなる（地法附則8⑪⑬）。

　したがって中小企業者等については、本税制による税額控除の効果が法人住民税にも及ぶこととなる。

⇒ 補足1

法人税割の課税標準となる「法人税額」

　地方税法では、法人住民税（道府県民税および市町村民税）の法人税割の課税標準となる「法人税額」について固有の定義を定めている。

　すなわち「法人税額」とは、法人税法その他の法人税に関する法令の規定により計算した法人税額で、一定の税額控除の規定の適用を受ける前のものをいい、法人税に係る延滞税、利子税、過少申告加算税、無申告加算税および重加算税の額を含まない（地法23①四、292①四）。

　内国法人に対する法人税割の課税標準となる「法人税額」の算定上、適用しないこととされる規定は次ページ表の通りである（地法23①四イ、292①四イ）。

202　第9章　地方税の取扱い

法　律	条　文	制度の名称
法人税法	第68条	所得税額控除
	第69条	外国税額控除
	第69条の 2	分配時調整外国税相当額の控除
	第70条	仮装経理に基づく過大申告の場合の更正に伴う税額控除
租税特別措置法	第42条の 4	試験研究を行った場合の法人税額の特別控除（**研究開発税制**）
	第42条の10 （除：①③④⑦）	国家戦略特区において機械等を取得した場合の法人税額の特別控除
	第42条の11 （除：①、③～⑤、⑧）	国際戦略総合特区において機械等を取得した場合の法人税額の特別控除
	第42条の11の 2 （除：①③④⑦）	地域経済牽引事業の促進区域内において特定事業用機械等を取得した場合の法人税額の特別控除（**地域未来投資促進税制**）
	第42条の11の 3 （除：①③④⑦）	地方活力向上地域等において特定建物等を取得した場合の法人税額の特別控除（**地方拠点強化税制：オフィス減税**）
	第42条の12	地方活力向上地域等において雇用者の数が増加した場合の法人税額の特別控除（**地方拠点強化税制：雇用促進税制の特例**）

法　律	条　文	制度の名称
租税特別 措置法	第42条の12の2	認定地方公共団体の寄附活用事業に関連する寄附をした場合の法人税額の特別控除（**企業版ふるさと納税**）
	第42条の12の5	給与等の支給額が増加した場合の法人税額の特別控除 （**人材確保等促進税制／所得拡大促進税制**）
	第42条の12の6 （除：①③④⑦）	認定特定高度情報通信技術活用設備を取得した場合の特別償却又は法人税額の特別控除 （**5G投資促進税制**）
	第42条の12の7 （除：①～③、 ⑦⑧⑪）	事業適応設備を取得した場合等の特別償却又は法人税額の特別償却 （**DX投資促進税制、カーボンニュートラル投資促進税制**）
	第66条の7	課税対象金額又は部分課税対象金額に係る外国法人税額の特別控除 （**タックスヘイブン対策税制**）
	第66条の9の3	課税対象金額に係る外国法人税額の特別控除 （**コーポレート・インバージョン対策税制**）

➡ 補足2

税額控除の効果が住民税に及ぶもの（中小企業者等）

　法人住民税の法人税割の課税標準となる法人税額の算定上、税額控除後の金額を用いることのできる制度は下表の通りである。制度ごとに適用期間が異なるので留意が必要である。

制　　度	附則8条	効果が法人住民税に及ぶ事業年度
研究開発税制 （中小企業技術基盤強化税制）	2項	令和3年4月1日から令和5年3月31日までの間に開始する各事業年度
地域未来投資促進税制	3項	地域未来投資促進法施行日（平成29年7月31日）から令和5年3月31日までの期間を含む各事業年度
地方拠点強化税制 （オフィス減税） （雇用促進税制の特例）	4項 5項	指定期間（改正地域再生法施行日（平成27年8月10日）から令和4年3月31日まで）内に「地方活力向上地域等特定業務施設整備計画」の認定を受けた日からその翌日以後2年を経過する日までの期間を含む各事業年度
人材確保等促進税制 所得拡大促進税制	6項 7項	平成30年4月1日から令和5年3月31日までの間に開始する各事業年度
5G投資促進税制	8項	「特定高度情報通信技術活用システムの開発供給及び導入の促進に関する法律」施行日（令和2年8月31日）から令和4年3月31日までの期間を含む各事業年度

制　　度	附則 8条	効果が法人住民税に及ぶ 事業年度
ＤＸ投資促進税制	9項	改正産業競争力強化法施行日（令和3年8月2日）から令和5年3月31日までの期間を含む各事業年度
カーボンニュートラル投資促進税制	10項	改正産業競争力強化法施行日（令和3年8月2日）から令和6年3月31日までの期間を含む各事業年度

第2節 法人事業税の取扱い

　平成27年度の税制改正によって、所得拡大促進税制（旧制度）の適用を受ける法人に対し、平成27年4月1日から平成30年3月31日までの間に開始する各事業年度分の事業税に限り、付加価値割の課税標準である付加価値額の計算上、一定の調整を加えた雇用者給与等支給増加額（雇用者給与等支給額から基準雇用者給与等支給額を控除した額）を控除することとされた（H27地法附則9⑬）。

　所得拡大促進税制を適用することによる雇用者給与等支給額の増加は、外形標準課税における付加価値額（報酬給与額）の増加をもたらすことから、法人税では減税メリットがあるが、事業税負担が増加することによって、全体としての減税幅が縮小してしまうという問題が指摘されていたことに対応したものである。

　その後、平成30年度の税制改正によって賃上げ・投資促進税制への抜本的改組が行われたものの、上述の取扱いについては引き続き維持された（H30地法附則9⑬）。

　さらに、令和3年度の税制改正によって抜本的に改組された人材確保等促進税制においても、所要の改正を経てこの取扱いが引き続き維持された（地法附則9⑬）。

1 適用時期

　平成30年4月1日から令和5年3月31日までの間に開始する各事業年度について適用される。

2 用語の定義

租税特別措置法に規定されている定義をそのまま用いており、事業税固有の定義はない。

3 適用要件

人材確保等促進税制の適用要件と同様である。すなわち、「新規雇用者給与等支給額が新規雇用者比較給与等支給額から2％以上増加していること。」という条件を満たす必要がある。

4 控除額の計算

以下の算式によって計算された金額を、付加価値額の金額から控除する。

```
控除額＝
控除対象新規雇用者給与等支給額（⇒第4章第3節 4）×雇用安定控除調整率
```

ここで「雇用安定控除調整率」とは、収益配分額から雇用安定控除額を控除した額を当該収益配分額で除して計算した割合をいう。

このような調整が入るのは、控除対象新規雇用者給与等支給額を報酬給与額から直接控除してしまうと、雇用安定控除が縮小し付加価値額がむしろ増加するという計算構造になっているためである（215ページ参照）。

5 適用上の留意点

(1) 課税標準の調整計算であること

　法人税（租税特別措置法）における人材確保等促進税制は「税額控除」の制度であるのに対し、事業税における人材確保等促進税制は「課税標準の減額調整」の制度である。

　そのため、法人税で税額がゼロ等の理由により税額控除が発生しない場合であっても、適用要件を満たしている以上、事業税において本税制の適用が可能である（付加価値額から控除できる）。

(2) 連結法人は単体ベースで適用要件を判断することとなること

　連結納税制度の適用を受ける法人にあっては、人材確保等促進税制は連結グループ全体で適用要件の充足を判定することとなる（措法68の15の6①）が、事業税における人材確保等促進税制は単体法人への適用となることから、適用要件も各連結法人が単体で判断することとなる。

　そのため、連結グループ全体としては適用要件を満たさず、連結法人税について本税制を適用できない場合であっても、各連結法人が単体で適用要件を満たしている場合、事業税における本税制の適用は可能である（連結納税制度における適用関係は**第10章**を参照）。

(3) 当初申告要件がないこと

　法人税（租税特別措置法）における人材確保等促進税制では当初申告要件があり、控除税額の計算基礎となる控除対象新規雇用者給与等支給額は、確定申告書等に添付された書類に記載された金額を限度とする（措法42の12の5⑤。266ページ参照）が、事業税における人材確保等促進税制には当初申告要件が付されていない。

　そのため、確定申告時に適用を失念した場合であっても、事業税につ

いては更正の請求が可能である。

⇒ 補 足

事業税の外形標準課税の概要

1　法人事業税の種類と外形標準課税の適用対象法人

　法人事業税には、所得割、付加価値割、資本割、および収入割の４種類があり、「外形標準課税」というと一般的には「付加価値割」および「資本割」のことを指す。

　事業税の適用関係は、まず法人の営む「事業」による区分を行い、その次に「法人」の区分に従って、課される事業税の種類が決定されるという構造になっている（地法72の２①）。

　具体的には下表のように決定される。

事業の区分	法人の区分	資本金額・出資金額	収入割	所得割	外形標準課税	
					付加価値割	資本割
電気供給業、ガス供給業および保険業（生命保険業・損害保険業）			○			
上記以外の事業	地方税法第72条の４第１項各号に定める法人（国等が行う事業を行う法人）			○		
	地方税法第72条の５第１項各号に定める法人（独立行政法人その他の特殊法人）			○		
	地方税法第72条の24の７第５項各号に定める法人（農業協同組合その他の「特別法人」）			○		

210　第９章　地方税の取扱い

| 事業の区分 | 法人の区分 | 資本金額・出資金額 | 収入割 | 所得割 | 外形標準課税 | |
					付加価値割	資本割
上記以外の事業	人格のない社団等 （地法72の4④）			○		
	みなし課税法人 （地法72の4⑤）			○		
	投資法人			○		
	特定目的会社			○		
	一般社団法人 （非営利型法人を除く）			○		
	一般財団法人 （非営利型法人を除く）			○		
	上記以外の法人	1億円 以下		○		
		1億円超		○	○	○

　以上の結果、外形標準課税が適用されるのは、

✓　電気供給業、ガス供給業および保険業**以外の事業を営む法人**であって

✓　所得割のみを課税される法人として限定列挙されている法人に**該当しない法人**のうち

✓　資本金額または出資金額が1億円超の法人

ということになる（地法72の2①一イ）。そして、資本金額または出資金額の判定は各事業年度終了の日の現況によるものとされる（地法72の2②）。

2　付加価値割の課税標準となる付加価値額

　付加価値割の課税標準となる各事業年度の付加価値額は、各事業年度の報酬給与額、純支払利子および純支払賃借料の合計額（以下「収益配分額」という）と各事業年度の単年度損益（繰越欠損金控除前の事業税の課税所得）との合計額による（地法72の14）。なお、付加価値額の合計額がマイナスとなる場合には、ゼロとされる（下図参照）。

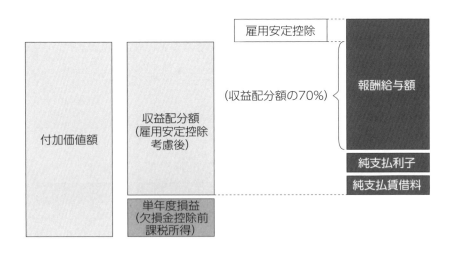

　外形標準課税の導入検討時、政府税制調査会の中間答申（平成12年7月）において、望ましい外形基準として①事業活動価値、②給与総額、③物的基準と人的基準の組み合わせ、④資本等の金額（当時の概念）の4つが提示され、その中でも①事業活動価値は、法人の人的・物的活動量を客観的かつ公平に示すと同時に、各生産手段（労働・資本財・土地等）の選択に関し中立的であることや、課税ベースが広く安定的であること

等、「外形基準としては理論的に最も優れた特徴を有している」とされている[1]。この事業活動価値が、現行制度の「付加価値額」の考え方の基礎となっている。

(1) 報酬給与額

① 原則的取扱い

報酬給与額は、次の（ア）および（イ）の額のうち、原則としてその事業年度の法人税の所得の金額の計算上損金の額に算入されるものの合計額である（地法72の15①）。

> （ア）法人が各事業年度においてその役員または使用人に対する報酬、給料、賃金、賞与、退職手当その他これらの性質を有する給与として支出する金額の合計額
> （イ）法人が各事業年度において、その役員または使用人のために支出する確定給付企業年金等の掛金等の合計額

要するに報酬給与額は、所得税において給与所得または退職所得とされるものであって、原則として各事業年度において法人税の所得金額の計算上損金の額に算入されるものに限られるということである。

② 派遣労働者に対する取扱い

労働者派遣契約に基づき労働者派遣の役務の提供を受けている場合、労働者派遣契約料として労働者派遣をした者に支払う金額の75％を報酬給与額に加算する。一方、労働者派遣の役務を提供している者においては、報酬給与額から労働者派遣の対価として労働者派遣の役務の提供を

---

[1] 政府税制調査会「わが国税制の現状と課題－21世紀に向けた国民の参加と選択－」（平成12年7月）p.207

受けたものから支払を受ける金額の75％を控除する（地法72の15②）。

これは、派遣元に支払う金額には、派遣元の利潤相当額が含まれているとの考え方から、原価相当額として支払金額の75％相当額を報酬給与額として取り扱うこととしたものである。

なお、報酬給与額の算定に関する具体的取扱いについては、「地方税法の施行に関する取扱いについて（道府県税関係）第3章 事業税」（以下「事業税取扱通知」という）［4の2の1］から［4の2の16］に詳細に記載されているので、参考にされたい。

(2) 純支払利子

純支払利子は、各事業年度の支払利子の額（当該事業年度の法人税の所得の金額の計算上損金の額に算入されるものに限る）の合計額から、各事業年度の受取利子の額（当該事業年度の法人税の所得の金額の計算上益金の額に算入されるものに限る）の合計額を控除した金額による（地法72の16①）。

なお、純支払利子の算定に関する具体的取扱いについては、事業税取扱通知の［4の3の1］から［4の3の11］に詳細に記載されているので、参考にされたい。

(3) 純支払賃借料

純支払賃借料は、各事業年度の支払賃借料の額（当該事業年度の法人税の所得の金額の計算上損金の額に算入されるものに限る）の合計額から、各事業年度の受取賃借料の額（当該事業年度の法人税の所得の金額の計算上益金の額に算入されるものに限る）の合計額を控除した金額による（地法72の17①）。

ここで「支払賃借料」とは、法人が各事業年度において土地または家屋（これらと一体となって効用を果たす構築物および附属設備を含む）の賃

借権、地上権、永小作権その他の土地または家屋の使用または収益を目的とする権利で、その存続期間が1月以上であるもの（以下「賃借権等」という）の対価として支払う金額をいう（地法72の17②）。

なお、純支払賃借料の算定に関する具体的取扱いについては、事業税取扱通知の［4の4の1］から［4の4の8］に詳細に記載されているので、参考にされたい。

(4) 雇用安定控除

報酬給与額が収益配分額の70％を超える場合、その超える部分を付加価値額から控除する（地法72の20①）。これを「雇用安定控除」という。

報酬給与額（を含む収益配分額）と単年度損益との間には、収益配分額を減少させれば単年度損益が増加するという関係がある。つまり、報酬給与額を減少させても単年度損益が増加するだけで、全体としての付加価値額には影響しないのである。

この点、雇用安定控除は、報酬給与額を引き下げるとむしろ付加価値額が増加するという仕組みを整えることによって、安易な報酬給与額の引下げを防止することを目的とするものである。「雇用安定控除」という用語は、この趣旨から導かれるものである。

	当　初			賃金引き下げ
報 酬 給 与 額	2,400	→ △400 →		2,000
純 支 払 利 子	200			200
純 支 払 賃 借 料	400			400
計（収益配分額）	3,000	→ △400 →		2,600
雇 用 安 定 控 除	(300)	→ ＋120 →		(180)
単 年 度 損 益	1,500	→ ＋400 →		1,900
付 加 価 値 額	4,200	→ ＋120 →		4,320

報酬給与額を400引き下げると、単年度損益が400増加するが、併せて、雇用安定控除が120縮小するため、むしろ付加価値額としては120増加することとなる。

第 **10** 章

連結納税制度および
グループ通算制度における
適用関係

第1節 連結納税制度における固有の取扱い

　本税制は連結納税制度を選択している法人（連結法人）にも同様の措置が定められているが、単体納税制度における取扱いと異なる点がある。

1 適用年度

　各連結法人の事業年度ではなく、「連結事業年度」において適用される。ここで連結事業年度とは、連結親法人の事業年度開始の日からその終了の日までの期間をいい（法法15の2①）、連結子法人の事業年度が連結事業年度と異なる場合には、みなし事業年度が設定される（法法14①四）。

　これをふまえ、単体納税制度における規定（措法42の12の5）における「事業年度」という表現を「連結事業年度」に改めた上で、同様の措置が規定されている（措法68の15の6）。

2 適用要件の充足性の判定

　本税制を適用するための要件については、連結納税グループ全体で充足しているかどうかを判断することとなる（措法66の15の6①②）。すなわち、以下の金額は全ての連結法人の金額を合算して算定される。

① 新規雇用者給与等支給額
② 新規雇用者比較給与等支給額
③ 雇用者給与等支給額
④ 比較雇用者給与等支給額

⑤　教育訓練費の額

⑥　比較教育訓練費の額

　したがって、仮に各連結法人が単体法人として適用要件を満たしていたとしても、連結納税グループ全体で適用要件を満たしていない場合には、連結納税グループ全体として本税制の適用を受けることはできないこととなる。

3　中小企業者等（中小連結親法人）の判定 ||||

　連結親法人が「中小連結親法人」に該当する場合には、単体納税における中小企業者等の取扱いと同様の取扱いが連結納税グループ全体に適用され、所得拡大促進税制の適用を受けることができる（措法68の15の6②）。

　ここで中小連結親法人とは、連結親法人のうち「中小連結法人」で適用除外事業者に該当しないもの等をいう（措法66の15の6②）。また、中小連結法人とは、連結親法人が次ページ表に掲げる法人に該当する場合の当該連結親法人または当該連結親法人による連結完全支配関係にある連結子法人（資本金の額または出資金の額が1億円以下のものに限る）をいう（措令39の39⑳）。

220　第10章　連結納税制度およびグループ通算制度における適用関係

【中小連結法人の定義】

区　分	中小連結法人の定義
資本金額または出資金額が1億円以下である法人	以下に掲げる法人以外の法人 ● 発行済株式総数または出資総額の2分の1以上が同一の大規模法人[1]の所有に属している法人 ● 発行済株式総数または出資総額の3分の2以上が大規模法人の所有に属している法人
資本または出資を有しない法人	常時使用する従業員の数が1,000人以下の法人

　なお、中小連結法人の定義には資本金の額または出資金の額が1億円以下の連結子法人も含まれているが、本税制の適用上は、連結親法人が中小連結法人に該当していることのみが要件とされていることから（措法66の15の6②）、連結子法人の中に大企業が含まれている場合であっても、連結納税グループ全体として中小連結親法人の取扱いが適用されることとなる。

4 税額控除限度額と控除上限額

　税額控除限度額は、各連結法人の控除対象新規雇用者給与等支給額の合計額の15％相当額（上乗せ控除のための教育訓練費の要件を満たす場合には、20％相当額）とされるが、これが当該連結事業年度の連結所得に対する調整前連結税額の20％相当額を超えるときは、その20％相当額を

1　第4章第4節**4**を参照されたい。

控除上限額とする（措法68の15の6①）。

　なお、雇用促進税制との併用に伴う調整計算や複数の税額控除制度を適用することによる調整前連結税額超過額の取扱いについても、単体納税制度のものと同様のものが設けられている（措法68の15の6①、68の15の8）。

5 各連結法人の当期控除額の個別帰属額 ||||

　本税制による税額控除額は連結納税グループ全体として算出されるものであるから、各連結法人の連結法人税個別帰属額の算定上、その控除額を各連結法人に配分することとなる。

　当期控除額の個別帰属額は、各連結法人の控除対象新規雇用者給与等支給額の割合に応じて配分される。

第2節 連結納税開始・加入時の取扱い

　新たに連結納税を開始する場合または既存の連結納税グループに新たに加入する場合には、その対象となる連結法人は単体納税から連結納税に移行することに伴い、事業年度の取扱いが変更されることとなる（事業年度から連結事業年度へ）。

　このとき、新規雇用者比較給与等支給額、比較雇用者給与等支給額および比較教育訓練費の額の算定上、適用年度の前日を含む事業年度が連結事業年度に該当しない場合には、その事業年度における金額を用いることとなる（措法68の15の6③五、七、十）。

第3節 連結離脱時の取扱い

　連結納税グループから離脱して単体納税に戻る場合にも、前節と同様の取扱いが定められている。すなわち、新規雇用者比較給与等支給額、比較雇用者給与等支給額および比較教育訓練費の額の算定上、適用年度の前日を含む事業年度が連結事業年度に該当する場合には、その連結事業年度における金額を用いることとなる（措法42の12の５③六イ、八、十一イ）。

第4節　地方税の取扱い

　地方税（法人住民税および法人事業税）については連結納税の制度がないことから、引き続き各連結法人が単体で納税義務を負う。

　このとき、法人住民税（法人税割）の課税標準となる個別帰属法人税額については、原則として本税制の適用を受ける前の金額による（地法23①四の三、292①四の三）が、その連結法人が「中小連結法人」に該当する場合には、平成30年4月1日から令和5年3月31日までの間に開始する各連結事業年度の法人の道府県民税および市町村民税に限り、税額控除後の金額を用いることとなる（地法附則8⑫⑭）。

　また、法人事業税の外形標準課税においては、各連結法人が単体として本税制の適用要件を満たしている場合には、付加価値額から雇用安定控除率調整後の控除対象新規雇用者給与等支給額を控除することとなる（地法附則9⑭）。このときの控除対象新規雇用者給与等支給額は、各連結法人がそれぞれ計算することとなる。この取扱いは、仮に連結グループ全体として本税制の適用要件を満たさずに税額控除を行うことができなかったとしても、事業税については別途単体の法人として適用要件の充足性を判断する必要があるので留意する。

第5節 グループ通算制度における取扱い

　令和4年4月1日以降に開始する事業年度より、これまでの連結納税制度にかわりグループ通算制度が適用される。グループ通算制度は、「法人格を有する各法人を納税単位として課税所得金額および法人税額の計算並びに申告は各法人がそれぞれ行うこととし、同時に企業グループの一体性に着目し、課税所得金額および法人税額の計算上、企業グループをあたかも一つの法人であるかのように捉え、損益通算等の調整を行う仕組み」[2]であり、単体納税制度における特例的な取扱いとして位置づけられるものである。

　これまで連結納税制度の適用を受けている法人は、原則として引き続きグループ通算制度の適用を受けることとなる。すなわち、令和4年3月31日において連結親法人に該当する内国法人及び同日の属する連結親法人事業年度終了の日においてその内国法人との間に連結完全支配関係がある連結子法人については、同日の翌日（令和4年4月1日）において、グループ通算制度の承認があったものとみなされる[3]（R2改正附則29①）。

　そしてグループ通算制度における本税制の適用については、特に固有の取扱いが定められていないことから、本税制はそれぞれの通算法人ごとに適用されることとなる。すなわち連結納税制度とは異なり、適用要

2　財務省「令和2年度　税制改正の解説」p.825

3　連結親法人が令和4年4月1日以後最初に開始する事業年度開始の日の前日までに「グループ通算制度へ移行しない旨の届出書」を納税地の所轄税務署長に提出した場合には、当該連結親法人及び当該前日において当該連結親法人との間に連結完全支配関係がある連結子法人については、グループ通算制度に移行しないことを選択することができる（同2項）。

件の判断や税額控除限度額の計算に当たってグループ法人の金額を合計する必要はなくなるということである。

　なお、グループ通算制度移行初年度における前連結事業年度の取扱いについては、連結離脱時の取扱い（第3節）と同じである。

第11章

データ集計実務上の
ポイント

本税制の適用を検討する上で無視することができないのが実務上の負担である。

　各種の税額控除制度の中でも、ひときわ計算に必要とされる情報の収集が煩雑なものと考えられる。限られた期間で完了させなければならない決算作業の渋滞を防止するためにも、円滑なデータ集計体勢を整えることが必須といえよう。

　そこで本章では、円滑なデータ集計の仕組みを整備する上でのポイントとなる事項について説明する。

第1節 収集が必要となるデータ

　本税制の適用を行う上で収集が必要となるデータには、控除税額の計算に必要なものと適用要件の充足性を判定するために必要なものがあり、さらに収集するデータごとに集計対象範囲が異なる。また、データによっては前年度のものをそのまま用いることができるものもあり、それらについては改めて収集する必要はない。

　以上の観点から、収集が必要なデータを整理すると次ページ表のようになる。

【本税制の適用に当たり収集が必要となるデータの種類】

適用制度	データの種類	控除税額の計算	適用要件の判定	前年度データ
人材確保等促進税制	新規雇用者給与等支給額		○	
	新規雇用者比較給与等支給額		○	○
	控除対象新規雇用者給与等支給額	○		
所得拡大促進税制	雇用者給与等支給額		○	
	比較雇用者給与等支給額		○	○
	控除対象雇用者給与等支給増加額	○		
両税制に共通	教育訓練費		○	
	比較教育訓練費		○	○
(参考)特定税額控除規定の適用停止措置	継続雇用者給与等支給額		○	
	継続雇用者比較給与等支給額		○	

第2節 データ集計の順序

1 人材確保等促進税制または所得拡大促進税制の適用に必要なデータ

　効率的なデータ集計の観点からは、給与等支給額および教育訓練費の額の集計範囲を確定させるために「国内雇用者」および「国内新規雇用者」の範囲を確定させることが必要となる。あわせて「国内新規雇用者」については、雇用保険の一般被保険者に該当する者を別途把握しておく必要がある。適用要件の判定に用いる「新規雇用者給与等支給額」および「新規雇用者比較雇用者給与等支給額」の集計範囲は、雇用保険の一般被保険者に該当する者に限られているからである。

　そのうえで、人材確保等促進税制の適用を受ける場合には、国内新規雇用者に対する給与等支給額（新規雇用者給与等支給額）および国内雇用者に対する教育訓練費の額を集計する。一方、所得拡大促進税制の適用を受ける場合には、国内雇用者に対する給与等支給額（雇用者給与等支給額）および教育訓練費の額を集計する。

　給与等に充てるため他の者から支払を受ける金額がある場合には、これを給与等支給額から控除する必要があるため、それらの金額の集計も必要となる。このとき、税額控除限度額の計算に用いる控除対象新規雇用者給与等支給額または調整雇用者給与等支給増加額の算定上は、算定された給与等支給額から雇用安定助成金額を控除することとなるから、雇用安定助成金額については区別して集計しなければならない。

　このほか、前事業年度の申告書のデータをそのまま用いることができるものとしては新規雇用者比較給与等支給額、比較雇用者給与等支給額

および比較教育訓練費の額が該当する。

2 特定税額控除規定の適用停止措置の適用判断に必要なデータ

　国内雇用者から継続雇用者となる者を抽出し（その方法は後述）、継続雇用者に対する適用年度及び前事業年度の給与等支給額を集計する。

　このほかに別途、国内設備投資額及び当期償却費総額について集計が必要となるが、特に国内設備投資額については、対象となる国内資産の取得のつど、担当部署から情報の連携を受けて集計しておくことが望まれる。

3 まとめ

　以上をふまえ、集計すべきデータと情報源泉（ソースデータ）の関係性についてまとめると次ページ図のようになる。情報収集漏れが生じていないかどうかの検討において参考にされたい。

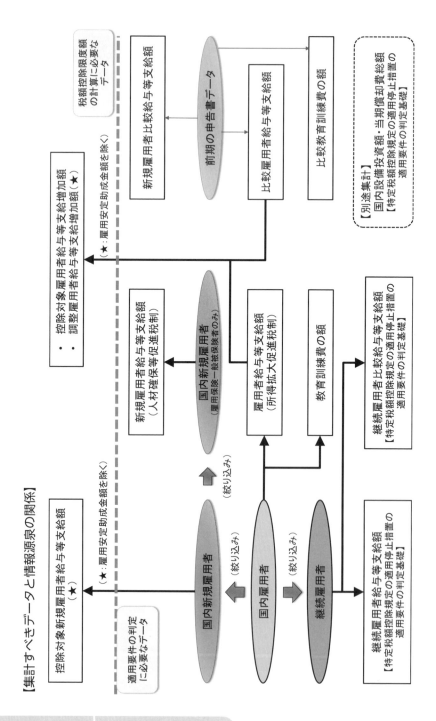

236　第11章　データ集計実務上のポイント

第3節 国内雇用者と国内新規雇用者

　国内雇用者とは、法人の使用人（役員、役員の特殊関係者および使用人兼務役員を除く）のうち、その法人の有する国内の事業所に勤務する者であって、労働基準法第108条に定める賃金台帳に記載された者をいう（措法42の12の5③九、措令27の12の5⑱）。

　また国内新規雇用者とは、法人の国内雇用者のうちその法人の有する国内の事業所に勤務することとなった日から1年を経過していないものをいい（措法42の12の5③二）、具体的には、雇用開始日（その法人の国内に所在する事業所につき作成された労働基準法第107条第1項に規定する労働者名簿に氏名が記載された日）から1年を経過していないものをいう（措令27の12の5③）。

　ここで、賃金台帳と労働者名簿では記載範囲が異なっている点に留意が必要である。賃金台帳は日雇い労働者を含めたすべての労働者を記載対象としているのに対し、労働者名簿は日雇い労働者を除く労働者が記載対象とされているから、国内新規雇用者には日雇い労働者は含まれないということになる。

　また、適用要件の判定に用いる新規雇用者給与等支給額および新規雇用者比較給与等支給額の集計対象は、国内新規雇用者のうち雇用保険の一般被保険者に該当する者に限ることとされている（措法42の12の5③五）。このほか、国内新規雇用者に含まれない者に関する規定もあるため（⇒第4章第3節❶）、これらの情報も入手しておく必要がある。

　以上をふまえ、収集すべき人事情報としては以下のものが考えられる。

① 役員、役員の特殊関係者、使用人兼務役員
　　（当事業年度中に該当することとなった社員を含む）
② 海外勤務社員（賃金台帳記載対象外）
　　（当事業年度中に該当することとなった社員を含む）
③ 日雇い労働者に該当する（該当しなくなった）社員
④ 雇用開始日から1年を経過しない社員
　　（前事業年度及び当事業年度中に入社した社員）
⑤ 国内雇用者となる直前にその法人の役員等であった社員
⑥ 国内雇用者となる直前にその法人の国外に所在する事業所の使用人
　　であった社員
⑦ 支配関係のある法人または個人事業者から入社した社員
　　（組織再編成に伴う入社を除く）
⑧ 雇用保険の一般被保険者に該当しない（該当しなくなった）社員

【国内雇用者と国内新規雇用者との関係】

START（すべての社員）
├ 役員、役員の特殊関係者、使用人兼務役員
└ 海外勤務社員（賃金台帳記載対象外）

→ 国内雇用者
├ 日雇い労働者（労働者名簿記載対象外）
├ 雇用開始日から1年を超えている者
├ 直前に役員等であった者
├ 直前に国外事業所の使用人であった者
└ 支配関係のある法人等から入社した者のうち、その支配関係法人等において国内雇用者であった者（組織再編成による入社を除く）

→ 国内新規雇用者
└ 雇用保険一般被保険者に該当しない者

→ 国内新規雇用者（雇用保険一般被保険者のみ）

【税額控除限度額の計算に使用】
控除対象新規雇用者給与等支給額

【適用要件の判定に使用】
新規雇用者給与等支給額

第4節 継続雇用者（特定税額控除規定の適用停止措置の適用要件）

　特定税額控除規定の適用停止措置の適用要件を検討する際に用いられる「継続雇用者給与等支給額」および「継続雇用者比較給与等支給額」の集計対象となる継続雇用者とは、適用年度およびその前事業年度等の期間内の各月において当該法人の給与等の支給を受けた国内雇用者のうち、雇用保険の一般被保険者に該当し継続雇用制度適用対象者を除いた者をいう（措法42の13⑥一、措令27の13③）。

　このように継続雇用者の範囲は、国内雇用者の範囲を絞り込むことによって得られるという関係にある。

　国内雇用者の範囲を確定させたうえで、継続雇用者の範囲を確定させるための人事情報として必要となる人事情報は以下のとおりである。

---

① 当事業年度中に退職した社員
② 雇用保険の一般被保険者に該当しない（該当しなくなった）社員
③ 継続雇用制度の適用を受ける（受けることとなった）社員

　国内雇用者のうちこれらに該当する者を除外することによって、継続雇用者の範囲を得ることができる（次ページ図参照）。

240　第11章　データ集計実務上のポイント

【国内雇用者と継続雇用者の関係】

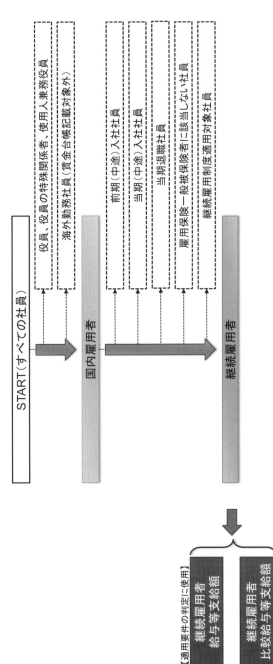

第5節 給与等支給額の集計

雇用者の数が増加するにつれて、給与等支給額の集計は比例的に煩雑になるほか、集計漏れの懸念も大きくなると考えられる。

給与等支給額の集計には様々な方法が考えられるが、本書ではオーソドックスな方法として、「個人別・月別の給与等支給額一覧表」を作成

【集計表のイメージ】

社員番号	氏名	給与等支給額（課税支給額）					
		前事業年度					
		4月	5月	6月	7月	8月	9月
1	A	512,241	559,679	988,240	318,379	703,028	483,514
2	B	614,393	588,194	442,765			
3	C	500,567	331,961	710,973	565,314	546,922	682,935
4	D	716,816	463,317	1,074,162	300,533	364,898	751,899
5	E	449,040	513,927	869,448	551,512	736,570	331,479
6	F	329,038	778,910	1,159,588	783,581	738,803	654,686
7	G	394,743	512,066	777,494	363,911	667,239	334,620
8	H						
9	I	638,371	703,185	667,784	464,049	716,829	308,840
10	J	307,412	746,286	1,285,540	441,645	305,427	772,609
11	K	506,681	414,851	1,196,514			
12	L	461,088	632,927	1,136,478	473,341	473,855	307,948
13	M	742,154	382,219	1,494,610	475,522	730,399	651,209
14	N	581,439	304,729	1,224,209	620,536	389,872	450,093
15	O						
16	P	485,158	318,253	1,109,193	455,295	473,983	355,178
17	Q	712,340	628,591	1,387,935	590,769	726,367	460,082
18	R	662,242	718,120	1,465,667	576,521	534,607	357,216
19	S					584,617	493,729
20	T						
21	U						
22	V						

したうえで、従業員ごとの属性を加味して各種の給与等支給額を集計する方法を紹介する。

1 個人別・月別給与等支給額一覧表 ||||

　縦軸に支給対象者、横軸に毎月の給与等支給額を記載した表であり、本税制の適用要件の判断及び税額控除限度額に用いる各種給与等支給額を集計するための母集団となるものである。

給与等支給額（課税支給額）						
前事業年度						
10月	11月	12月	1月	2月	3月	合計
416,843	402,372	967,458	688,108	455,745	395,829	6,891,436
		0				1,645,352
350,964	566,203	864,817	499,164	434,010	315,169	6,368,999
513,716	598,788	1,102,204	415,555	661,866	709,648	7,673,402
556,727	576,388	1,133,886	343,229	668,596	778,886	7,509,688
783,299	742,480	1,329,257	783,468	691,414	572,630	9,347,154
480,525	446,176	1,037,640	645,540	733,961	753,413	7,147,328
		0				0
361,555	523,680	722,656	375,983	615,408	769,497	6,867,837
781,018	631,189	873,334	357,262	398,615	439,867	7,340,204
		330,356	472,058	627,844	735,015	4,283,319
764,596	347,822	1,073,833	375,507	619,745	575,803	7,242,943
596,874	520,162	1,001,789	529,105	649,835	489,719	8,263,597
773,971	564,131	1,096,527	319,623	432,343	704,164	7,461,637
798,827	699,107	827,471	316,789	362,240	398,824	3,403,258
312,599	609,373	1,062,161				5,181,193
429,833	431,730	1,366,575	703,022	671,541	478,368	8,587,153
560,001	604,043	680,305	552,543	614,106	701,874	8,027,245
791,888	485,031	977,017	418,559	612,506	560,489	4,923,836
555,976	707,493	1,137,876	361,352	539,988	524,943	3,827,628
			622,139	779,186	565,851	1,967,176
						0

243

① 集計表のイメージ

最終的に作成される集計表のイメージは242 ～ 245ページの表のとおりであり、以下の項目が含まれる。

● 社員番号（＊１）
● 氏名（＊２）
● 支給年月（＊３）
● 月別の給与等支給額（課税支給額）（＊４）

（＊1）同姓同名の社員がいる場合には、社員番号による集計が必須である。固有の社員番号がない場合には、本集計表のみで使用する番号を付すことも考えられる。

社員番号	氏名	給与等支給額（課税支給額）					
		当事業年度					
		4月	5月	6月	7月	8月	9月
1	A	700,425	796,905	750,379	502,689	475,201	612,387
2	B						
3	C	414,211	482,961	1,178,565	563,255	624,482	531,664
4	D	495,939	734,389	1,012,651	439,181	770,926	349,603
5	E	493,505	460,332	908,117	315,722	450,402	444,212
6	F	616,822	473,907	1,026,339	453,919	724,366	402,991
7	G	356,800	552,319	904,016	667,294	499,167	571,968
8	H				753,637	664,479	474,351
9	I	414,187	673,766	1,238,257	709,360	444,290	655,562
10	J	543,685	435,511	1,131,959			
11	K	350,736	376,613	644,700	786,790	624,137	411,213
12	L	457,485	304,334	1,473,393	745,301	422,399	718,121
13	M						
14	N	514,458	404,668	1,155,591	491,833	300,661	669,080
15	O	649,932	381,695	1,209,158	408,083	493,840	583,562
16	P						
17	Q	729,343	458,809	659,353	333,348	350,211	713,555
18	R	442,575	693,537	868,069	487,952	519,938	718,987
19	S	505,859	541,142	976,069	316,955	310,094	367,801
20	T	313,528	367,107	1,061,369	549,866	737,694	757,163
21	U	475,603	714,293	831,957	511,050	562,423	327,202
22	V						

244　第11章　データ集計実務上のポイント

（＊2）集計上必須の情報ではないが、内部検証用には社員番号と氏名を対比して表示したほうが効率的である。個人情報保護の観点からも、例えば会計監査や税務調査等において本集計表の提示を求められる場合には、氏名欄を非表示にした形で提示することも検討すべきであろう。

（＊3）賞与の支給については、例えば支給年月欄に「202006賞与」と入力することによって、同月に支給される給与等とは別に集計することも可能である。ただし本税制の適用上は、同月に給与及び賞与の支給があった場合には、これらを合算して判定することで差し支えない。

（＊4）本税制において集計対象となる「給与等の支給額」は、給与課税される部分のみであるから、支給総額に含まれる非課税通勤手当などを除いた金額を集計することとなる。ただし、継続的に賃金台帳に記載された支給額（非課税通勤手当の額を含む）のみを対象としている場合には、これも許容される（措通42の12の5－1の3）。

給与等支給額（課税支給額）						
当事業年度						
10月	11月	12月	1月	2月	3月	合計
693,730	384,060	1,207,176	796,209	698,885	417,034	8,035,080
		0				0
453,913	481,024	1,381,588	396,171	740,531	402,765	7,651,130
386,447	593,877	1,391,871	799,079	635,422	727,390	8,336,775
743,067	787,442	1,176,159	553,057	496,984	319,993	7,148,992
415,367	610,115	1,195,015	327,267	767,666	528,619	7,542,393
		0				3,551,564
780,202	757,262	950,846	437,775	420,633	439,595	5,678,780
755,153	330,761	1,028,438	675,926	757,053	675,529	8,358,282
		0				2,111,155
600,520	793,186	960,420	494,568	789,738	379,137	7,211,758
567,082	501,329	1,241,062	669,993	539,045	593,718	8,233,262
		0				0
791,780	315,497	1,326,769	776,639	772,107	444,364	7,963,447
380,785	504,170	1,462,715	455,078	527,116	689,463	7,745,597
		0				0
452,774	597,480	896,759	430,900	357,040	743,198	6,722,770
588,474	430,304	1,361,651	408,987	422,501	412,509	7,355,484
681,065	677,573	1,471,561	560,204	324,156	521,216	7,253,695
307,789	577,050	621,133	375,584	681,016	523,654	6,872,953
341,136	543,720	1,239,495	307,536	634,138	580,062	7,068,615
682,713	717,040	1,345,236	312,750	571,519	664,103	4,293,361

このように集計表を作成することによって、事業年度中の入退社の状況も一覧できるほか、網羅的な集計が可能である。

　社員数が少なければ、直接的に242 〜 245ページの表に示したレイアウトで集計表を作成することもできるが、社員数が多い場合には、次に紹介する表計算ソフトのピボットテーブルの機能を用いた集計のほうが容易である。

②　ピボットテーブルによる集計

　この場合には、次ページのようなデータテーブルを用意し、毎月の給与計算結果（支給控除一覧表のようなもの）からデータを単純に貼り付けたうえでピボットテーブルによる集計を行うこととなる。

　データテーブルへの入力にあたっては、あらかじめデータクレンジングの作業[1]をしておくと、より正確な集計に繋がる。

1　データに含まれる誤記、表記の揺れなどを是正しデータの品質を統一すること。具体的には、誤字脱字の修正のほか、全角・半角の統一や氏名間のスペースの取扱いの統一（全角スペース、半角スペース、スペース削除）などの作業が挙げられる。

【データテーブル】

社員番号	氏名	支給年月(yyyymm)	課税支給額(円)
1	A	202004	512,241
2	B	202004	614,393
3	C	202004	500,567
4	D	202004	716,816
(以下略)			
1	A	202005	559,679
2	B	202005	588,194
3	C	202005	331,961
(以下略)			

【ピボットテーブルの設定】

以下のように集計項目をレイアウトしていく。

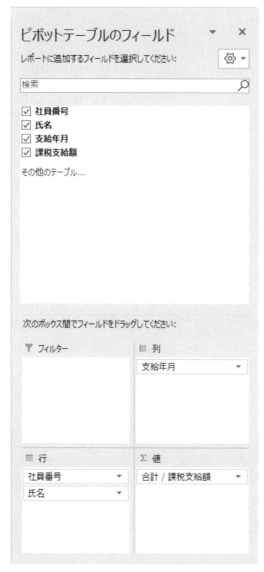

「氏名」については内部検証用に含めているが、監査等のために提示を求められる場合には、集計項目から除外してよい。

【ピボットテーブルによる集計イメージ（抜粋)】

行ラベル	202004	202005
⊟1	512,241	559,679
A	512,241	559,679
⊟2	614,393	588,194
B	614,393	588,194
⊟3	500,567	331,961
C	500,567	331,961
⊟4	716,816	463,317
D	716,816	463,317
⊟5	449,040	513,927
E	449,040	513,927
⊟6	329,038	778,910
F	329,038	778,910
⊟7	394,743	512,066
G	394,743	512,066
⊟8	0	0
H	0	0
⊟9	638,371	703,185
I	638,371	703,185
⊟10	307,412	746,286
J	307,412	746,286
⊟11	506,681	414,851
K	506,681	414,851
⊟12	461,088	632,927
L	461,088	632,927
⊟13	742,154	382,219
M	742,154	382,219
⊟14	581,439	304,729
N	581,439	304,729
⊟15	0	0
O	0	0
⊟16	485,158	318,253
P	485,158	318,253
⊟17	712,340	628,591
Q	712,340	628,591
⊟18	662,242	718,120
R	662,242	718,120
⊟19	0	0
S	0	0
⊟20	0	0
T	0	0
⊟21	0	0
U	0	0
⊟22	0	0
V	0	0
総計	8,613,723	8,597,215

横軸：24 ヶ月分を集計表示

2 属性の設定

❶にしたがい個人別・月別の支給額明細表を作成したあと、各社員の「属性」に関する情報を付加する。具体的には、各社員の右側の列に「属性」の列を付加し、必要な情報を追加していく。ただし、集計対象者に「○」印を付すのではなく、**集計対象に含まれない者に「○」印を付し、フィルター機能によってこれらを除外して金額を集計する**、というイメージである。

具体的には、明細表において以下の属性情報を各社員に付加していくこととなる。

種　類	除外する属性
国内雇用者	役員
	役員の特殊関係者
	使用人兼務役員
	海外勤務社員
国内新規雇用者	日雇い労働者
	雇用開始日から1年を超えている者
	国内雇用者となる直前に役員等であった者
	国内雇用者となる直前に国外事業所使用人であった者
	支配関係のある法人等から入社した者
	雇用保険の一般被保険者に該当しない者

種　類	除外する属性
継続雇用者	適用年度及び前事業年度等の期間内の各月において給与等の支給を受けていない者
	継続雇用制度の適用を受ける者

① **国内雇用者から除外する属性**

国内雇用者の定義から除かれる者（役員、役員の特殊関係者、使用人兼務役員および国内の事業所に勤務していない者）に該当する者について、「**役員等**」などの属性を示す列を設けた上で「○」印を付す。

事業年度の途中にこれらの者に該当することとなった者については、その該当することとなった日以降、国内雇用者の範囲から除外される。逆に、事業年度の途中にこれらの者に該当しないこととなった者については、その該当しないこととなった日以降、国内雇用者の範囲に含まれる。

このように、集計対象事業年度中に属性の変更を伴う社員が存在する場合には、「○」印の対象となる期間（＝給与等支給額の集計から除外される期間）と、対象とならない期間（＝給与等支給額の集計に含める期間）について、別の行に分解して集計することが望ましい。

【イメージ】

社員番号	氏名	属性	給与等支給額		
		役員等	4月	5月	6月
1	A		512,241	559,679	
1	A	○			988,240

役員等に該当した月から別の行に集計する

251

② 国内新規雇用者から除外する属性

(日雇い労働者)

日雇い労働者については労働者名簿の記載対象外となることから、「日雇い」などの属性を示す列を設けた上で「○」印を付す。

(雇用開始日から1年を超えている者)

各社員の雇用開始日から起算されることとなるから、一概に把握することが難しい。そこで、各社員の横に「雇用開始日」の欄を設け、日付を入力することが有用である。この点、「雇用開始日」は「国内に所在する事業所につき作成された労働者名簿に氏名が記載された日」（措令27の12の5③一）を指すから、必ずしも「入社年月日」と一致するわけではないことに留意が必要である。

そのうえで、雇用開始日から1年を経過した日を求める。表計算ソフトではEDATE関数を用いると簡単である（うるう年の調整も考慮される）。

社員番号	氏名	雇用開始日	雇用開始日から1年を経過した日	属性 1年超
2	B	2019/ 8 / 1	2020/ 8 / 1	
2	B	2019/ 8 / 1	2020/ 8 / 1	○

＝EDATE(2019/ 8 / 1【開始日】, 12【月数】)

国内新規雇用者に該当するのは、「法人の国内雇用者のうち雇用開始日から1年を経過していないもの」であるから（措法42の12の5③二）、上表でいうと2020年8月1日の前日（2020年7月31日）までが国内新規雇用者に該当し、それまでに発生した給与等の支給額が「新規雇用者給与等支給額」に含まれることとなる。

したがって、「1年を経過した日」以降は、「**1年超**」の属性に該当す

るものとして「〇」印を付したうえで、行を分けて集計していくことが望ましい（前ページ表では2020年8月以降）。

（国内新規雇用者から除外される一定の者）

国内雇用者となる直前にその法人の役員等であった者、国外事業所の使用人であった者または支配関係のある法人等から入社した者（組織再編成を伴い入社した者を除く）に該当する者については、「**直前役員等**」などの属性を示す列を設けた上で「〇」印を付す。

（雇用保険の一般被保険者に該当しない者）

適用要件の判定に用いる「新規雇用者給与等支給額」は、国内新規雇用者のうち雇用保険の一般被保険者に該当する者のみを集計対象とすることから、雇用保険の一般被保険者に該当しない者については「**雇用保険非該当**」などの属性を示す列を設けた上で「〇」印を付す。

この点、集計対象事業年度中に属性の変更を伴う社員が存在する場合には、「〇」印の対象となる期間（＝新規雇用者給与等支給額の集計から除外される期間）と、対象とならない期間（＝新規雇用者給与等支給額の集計に含める期間）について、別の行に分解して集計することが望ましい。

③ 継続雇用者から除外する属性
（適用年度及びその前事業年度等の期間内の各月において給与等の支給を受けていない者）

適用年度とその前事業年度の月数がそれぞれ12ヶ月である一般的な状況を前提とすると、継続雇用者に該当するためには、その2事業年度のすべて（＝24ヶ月）にわたり給与等の支給を受けている必要がある。

この判断は、❶で作成した一覧表において、給与等支給額の欄に金額が含まれているセルの数が24であればよいということになる。具体的に

は、氏名の右側に「支給月数」の列を設け、COUNT関数を用いて支給月数を計算することで確認することができる。

　実際には下表のように、事業年度ごとの支給月数をカウントして合算し、それが24でない場合には、「**継続非該当**」などの属性を示す列を設けた上で「○」印を付す。

社員番号	氏名	支給月数			属性
		前年度	当年度	合計	継続非該当
1	A	12	12	24	
2	B	4	1	5	○
3	C	12	12	24	
4	D	12	12	24	
5	E	12	12	24	
6	F	12	12	24	
7	G	12	7	19	○
8	H	1	9	10	○
9	I	12	12	24	
10	J	12	4	16	○
11	K	7	12	19	○
12	L	12	12	24	
13	M	12	1	13	○

社員番号	氏名	支給月数			属性
		前年度	当年度	合計	継続非該当
14	N	12	12	24	
15	O	6	12	18	○
16	P	9	1	10	○
17	Q	12	12	24	
18	R	12	12	24	
19	S	8	12	20	○
20	T	6	12	18	○
21	U	3	12	15	○
22	V	0	6	6	○

上表の「支給月数」は、COUNT関数で算出している。

> ＝COUNT（データ1, データ2,・・・データ12)

【前事業年度分と当事業年度分の給与等支給額が記載されたセルをそれぞれ範囲指定】

上表の「○」印は、IF関数で挿入している。

> ＝IF（合計セル＝24,"",“○”)

【合計セルが24であれば空欄、そうでなければ○印】

(雇用保険の一般被保険者に該当しない者および継続雇用制度の適用対象者)

　特定税額控除規定の適用停止措置の適用要件の判定に用いる「継続雇用者給与等支給額」および「継続雇用者比較給与等支給額」の集計対象は、継続雇用者のうち雇用保険の一般被保険者に該当する者に限られ、かつ継続雇用制度の適用対象者が除かれることから、雇用保険の一般被保険者に該当しない者および継続雇用制度の適用対象者については「雇用保険非該当」「継続雇用制度」などの属性を示す列を設けた上で「○」印を付す(雇用保険非該当については、国内新規雇用者に関連して属性設定済)。

　この点、集計対象事業年度中に属性の変更を伴う社員が存在する場合には、「○」印の対象となる期間（＝継続雇用者給与等支給額の集計から除外される期間）と、対象とならない期間（＝継続雇用者給与等支給額の集計に含める期間)について、別の行に分解して集計することが望ましい。

3 金額の集計

　❷を経て❶の一覧表に必要な属性を設定したら、具体的な金額集計が可能となる。

　具体的には、属性欄の「○」印をフィルター機能で非表示にした上で、視認できる範囲の金額を合計すればよいこととなる。

　ここで、合計関数としてSUM関数を用いると、非表示のセルも含めて合計してしまうことから適切ではない。表示されているセルだけを合計するためには、SUBTOTAL関数を用いることとなる。用法はSUM関数とほぼ同じであるが、SUBTOTAL関数では様々な集計を取扱いができる関係上、以下のように入力する。

=SUBTOTAL（9【集計方法としてSUMを選択】,集計範囲）

繰り返しになるが、SUBTOTAL関数は表示されているセルのみを合計するものであるから、非表示設定を解除すると集計数値も変動してしまう。そのため、所定の合計値を算出したときは、その計算結果を「値コピー」で別の行に保全する必要がある。集計する金額ごとに一覧表の非表示の範囲を変え、そのつどSUBTOTAL関数で合計して計算結果を保全する、という流れになる。

　集計すべき金額ごとに、除外する属性をまとめると下表のとおりとなる。

集計すべき金額	集計対象	除外すべき属性 (本節❷)
雇用者給与等支給額	国内雇用者	役員等
新規雇用者給与等支給額 (適用要件判断)	国内新規雇用者のうち 雇用保険の一般被保険者	役員等 日雇い １年超 直前役員等 雇用保険非該当
控除対象新規雇用者給与 等支給額 (税額控除限度額の算定)	国内新規雇用者	役員等 日雇い １年超 直前役員等
継続雇用者給与等支給額 継続雇用者比較給与等支 給額	継続雇用者	役員等 継続非該当 雇用保険非該当 継続雇用制度

4 他の者から支払を受ける金額

　給与等に充てるため他の者から支払を受ける金額がある場合には、これを控除しなければならない。

　さらに、他の者から支払を受ける金額のうち雇用安定助成金額については、適用要件の判断指標となる給与等支給額からは控除しないが、税額控除限度額の計算上は控除しなければならない。

　そのため、人材確保等促進税制の適用にあたっては、これらの金額のうち国内新規雇用者に係る金額を下表のとおり区分して集計しておく必要がある。

【区分集計の単位】

項　目	集計単位	備　考
他の者から支払を受ける金額	国内雇用者に対する給与等の支給額に係るもの	税額控除限度額の計算に必要
	国内新規雇用者に対する給与等の支給額に係るもの	
	国内新規雇用者のうち、雇用保険の一般被保険者に対する給与等の支給額（新規雇用者給与等支給額）に係るもの	適用要件の判定に必要
雇用安定助成金額	新規雇用者給与等支給額に係るもの	

第6節 決算・申告スケジュールとの関連

　法人税等の確定申告は、原則として事業年度終了の日の翌日から2月以内に行わなければならないが、これを決算・申告業務のゴールだとするとその前に以下のような手順を済ませておく必要がある。

① 税額計算前・決算整理前残高試算表の確定
② 未払税金勘定計上仕訳以外の決算整理仕訳の投入
③ 消費税申告書の作成と未払消費税等計上仕訳の投入
④ 法人税等計算前・決算整理後残高試算表の確定
⑤ 法人税等の税額計算と未払法人税等計上仕訳の投入
⑥ 税効果会計に関する決算整理仕訳の投入
⑦ 法人税等確定申告書の作成
⑧ 計算書類の作成
⑨ 取締役会等による決算承認
⑩ 株主総会招集手続
⑪ 株主総会による決算承認手続（または決算報告手続）
⑫ 法人税等確定申告書の提出と納税手続

　このように、上記の手続を事業年度終了後2月以内に行うためには、決算申告業務について綿密なスケジュール管理が求められることが多い。そのとき、本税制のように様々なデータを集計した上で適用要件の充足性を判定し、その後具体的な税額控除の計算を行うといった作業量の多い業務については、事前準備が非常に重要である。

　特に人事関連の情報および給与等支給額の情報については、できるだ

け前倒しで集計を完了させておくことが望まれる。そのことによって、実際の決算締切手続きの局面では渋滞なく作業を進行させることが可能となる。

第7節 本税制の適用可否シミュレーション

　本税制を適用することができれば、税額控除を通じて実効税率の引下げが期待されることから、その事業年度において本税制を適用できるかどうかは大きな関心事になろう。

　これに備え、決算日が近づいてきた段階で、本税制の適用が可能かどうか、特に適用要件の充足に問題がないかどうかを事前に検討することがある（適用可否シミュレーション）。もし事前の評価で適用要件の充足が難しいことが判明したとしても、その後の支出額の増加を通じて適用要件をクリアすることが可能になることもあると考えられることから、決算準備の前倒しの取組みと併せて、定期的にシミュレーションの実施を行うことは有用であると考える。

第 **12** 章

申告書への記載

第1節　明細書の添付と当初申告要件

1　明細書の添付

本税制は、確定申告書等（控除を受ける金額を増加させる修正申告書または更正請求書を提出する場合には、当該修正申告書または更正請求書を含む）に以下の項目を記載した書類の添付がある場合に適用される（措法42の12の5⑤）。

【記載すべき項目】

- 控除対象新規雇用者給与等支給額
- 控除対象雇用者給与等支給増加額
- 控除を受ける金額および当該金額の計算に関する明細

具体的には、以下の申告書別表（付表を含む）を作成し、確定申告書等に添付する必要がある。

別表番号	明細書の種類	記載例（第2節参照）
6⑰	人材確保等促進税制	記載例1（新制度） 記載例3（旧制度）
6⑱	所得拡大促進税制（中小企業者等向け）	記載例2
6の2⑯	連結納税における人材確保等促進税制	記載例4

2 当初申告要件

　本税制では、控除対象新規雇用者給与等支給額および控除対象雇用者給与等支給増加額について「当初申告要件」が付されている（措法42の12の5⑤）。すなわち、控除税額の計算基礎となる控除対象新規雇用者給与等支給額および控除対象雇用者給与等支給増加額については、確定申告書等に添付された書類に記載された金額を限度とする、というものである。

　したがって、仮に給与等の支給額の集計に誤りがあり、確定申告書等に添付した書類に記載された控除対象新規雇用者給与等支給額および控除対象雇用者給与等支給増加額が過小であったとしても、その後の修正申告や更正の請求等によってこれを増額させることはできない（当初申告における控除対象新規雇用者給与等支給額および控除対象雇用者給与等支給増加額が限度となる）。

　なお、控除対象新規雇用者給与等支給額および控除対象雇用者給与等支給増加額以外の項目については、当初申告要件は付されていない。そのため、修正申告等によって当期の所得に対する法人税額が増加した場合には、税額控除限度額の増加を通じて追加的に控除税額が増加することがある。

▶ 補足

「確定申告書等」の範囲

　本税制における「確定申告書等」とは、確定申告書および仮決算による中間申告書をいい（措法2②二十七）、確定申告書には期限後申告書も含まれる（法法2三十一）。

　ところで、本節で説明した「明細書の添付」の定めについては、確定申告書等の範囲に「修正申告書または更正請求書を含む」との記載が追

加され範囲が拡張されていることから、修正申告または更正の請求にあたり本税制の適用を受けようとする場合には、同じく明細書の添付が必要となる。

これに対して、「当初申告要件」の定めについては、確定申告書等の範囲は拡張されていないことに注意が必要である。仮に、当初申告要件の定めにおいても確定申告書等の範囲に修正申告書または更正請求書を含めるのであれば、条文冒頭（措法42の12の5⑤）で確定申告書等の範囲を拡張させるカッコ書きにおいて「……を含む。以下この号において同じ。」との表現が付されるべきところ、そのような表現がない以上、当初申告要件に係る書類の範囲には含まれないと読まなければならない。

これらの取扱いをまとめると以下の通りである。

【確定申告書等の範囲】

書類の種類	明細書の添付 (本税制の適用条件)	当初申告要件 (控除対象新規雇用者給与等支給額) (控除対象雇用者給与等支給増加額)
確定申告書 (期限後申告書を含む)	必要	記載金額を限度とする
仮決算による中間申告書	必要	記載金額を限度とする
修正申告書	必要	**増額不可**
更正請求書	必要	**増額不可**

267

第2節 申告書記載例

　本節で取り上げる事例はすべて架空のものであり、実在する法人等とは無関係である。

【記載例1】 人材確保等促進税制

　A株式会社（事業年度：令和3年4月1日〜令和4年3月31日）の以下の資料に基づき、賃上げ・投資促進税制に係る法人税申告書別表6(27)の記載例を示す。

　なおA社は中小企業者等には該当しないものとする。

【資料】

1．A社の給与等支給額等は下表の通りである。なお、他の者から支払を受ける金額はすべて雇用安定助成金に該当するものである。

（適用年度） （単位：円）

摘　　要	給与等の支給額	他の者から支払を受ける金額	同左のうち雇用安定助成金額
国内雇用者に対する給与等の支給額	422,589,630	43,680,000	43,680,000
同上のうち国内新規雇用者に係る金額	26,550,300	3,650,000	3,650,000

摘　　要	給与等の支給額	他の者から支払を受ける金額	同左のうち雇用安定助成金額
同上のうち、雇用保険の一般被保険者に係る金額	26,550,300	3,650,000	3,650,000

（前事業年度）　　　　　　　　　　　　　　　　　　　　　　　　（単位：円）

摘　　要	給与等の支給額	他の者から支払を受ける金額	同左のうち雇用安定助成金額
国内雇用者に対する給与等の支給額	405,222,896	77,500,000	77,500,000
同上のうち国内新規雇用者に係る金額	18,754,336	4,130,000	4,130,000
同上のうち、雇用保険の一般被保険者に係る金額	18,754,336	4,130,000	4,130,000

2．教育訓練費の額は以下のとおりである。

　●適用年度　　（令和 3 年 4 月 1 日〜令和 4 年 3 月31日）　7,869,500円

　●前事業年度（令和 2 年 4 月 1 日〜令和 3 年 3 月31日）　6,034,250円

3．適用年度の調整前法人税額は49,582,306円である。

別表6⑵ 【記載例】

給与等の支給額が増加した場合の法人税額の特別控除に関する明細書	事業年度	3・4・1 4・3・31	法人名	A株式会社

国内新規雇用者に対する給与等の支給額 (24の①) − (24の②) (マイナスの場合は0)	1	22,900,300 円	雇用者給与等支給増加重複控除額 (別表六(二十九)「12」)	13	円
調整雇用者給与等支給額 (23の①) − (23の②) (マイナスの場合は0)	2	378,909,630	差引控除対象新規雇用者給与等支給額 ((1)と(4)のうち少ない金額) − (13) (マイナスの場合は0)	14	22,900,300
調整比較雇用者給与等支給額 (31)	3	327,722,896	税額控除限度額の計算	(12)≧20%又は(9)=(11)>0の場合 (14) × 20/100	15	4,580,060
調整雇用者給与等支給増加額 (2) − (3) (マイナスの場合は0)	4	51,186,734		同上以外の場合 (14) × 15/100	16	
新規雇用者給与等の支給額 (25の①) − (25の②) + (25の③)	5	26,550,300		税額控除限度額 (15)又は(16) ((8)<0.02の場合は0)	17	4,580,060
新規雇用者比較給与等支給額 (32)	6	18,754,336	調整前法人税額 (別表一「2」又は別表一の三「2」若しくは「14」)	18	49,582,306
新規雇用者給与等支給増加額 (5) − (6) (マイナスの場合は0)	7	7,795,964	当期税額基準額 (18) × 20/100	19	9,916,461
新規雇用者給与等支給増加割合 (7)/(6) ((6)=0の場合は0)	8	0.415	当期税額控除可能額 ((17)と(19)のうち少ない金額)	20	4,580,060
教育訓練費の額 (37)	9	7,869,500 円	調整前法人税額超過構成額 (別表六(六)「7の②」)	21	
比較教育訓練費の額 (37)	10	6,034,520	法人税額の特別控除額 (20) − (21)	22	4,580,060
教育訓練費増加額 (9) − (10) (マイナスの場合は0)	11	1,834,980			
教育訓練費増加割合 (11)/(10) ((10)=0の場合は0)	12	0.304			

国内新規雇用者に対する給与等の支給額、調整雇用者給与等支給額及び新規雇用者給与等支給額の明細

		給与等の支給額 ①	①の給与等に充てるため他の者から支払を受ける金額 ②	②のうち雇用安定助成金額 ③
国内雇用者に対する給与等の支給額	23	422,589,630 円	43,680,000 円	円
同上のうち国内新規雇用者に係る金額	24	26,550,300	3,650,000	
同上のうち一般被保険者に係る金額	25	26,550,300	3,650,000	3,650,000

調整比較雇用者給与等支給額及び新規雇用者給与等支給額の計算

前事業年度又は前連結事業年度	26	2・4・1 3・3・31	適用年度の月数 (26)の前事業年度又は前連結事業年度の月数	27	12/12

		給与等の支給額 ①	①の給与等に充てるため他の者から支払を受ける金額 ②	②のうち雇用安定助成金額 ③
国内雇用者に対する給与等の支給額	28	405,222,896 円	77,500,000 円	円
同上のうち国内新規雇用者に係る金額	29	18,754,336	4,130,000	
同上のうち一般被保険者に係る金額	30	18,754,336	4,130,000	4,130,000
調整比較雇用者給与等支給額 ((28の①) − (28の②)) × (27) (マイナスの場合は0)	31			327,722,896
新規雇用者比較給与等支給額 ((30の①) − (30の②) + (30の③)) × (27) (マイナスの場合は0)	32			18,754,336

比較教育訓練費の額の計算

事業年度又は連結事業年度 33	教育訓練費の額 34	適用年度の月数 (33)の事業年度又は連結事業年度の月数 35	改定教育訓練費の額 (34) × (35) 36
調整対象年度 ・ ・	円		円
2・4・1 3・3・31	6,034,520	12/12	6,034,520
計			6,034,520
比較教育訓練費の額 (36の計)÷(調整対象年度数)	37		6,034,520

270　第12章　申告書への記載

【解説】

別表 6 ⑵各項目の記載要領は以下の通りである。

【別表 6 ⑵】

記載順序：23欄〜 37欄　⇒　 1 欄〜22欄

番号	項目の内容 (計算に必要な項目のみ記載)	記載すべき 金額等	適用要件の 充足性判定
1	国内新規雇用者に対する給与等 の支給額（24欄：①−②） ※マイナスの場合はゼロを記入。	22,900,300円	
2	調整雇用者給与等支給額 （23欄：①−②） ※同上	378,909,630円	
3	調整比較雇用者給与等支給額 （31欄から転記）	327,722,896円	
4	調整雇用者給与等支給増加額 （ 2 欄− 3 欄） ※マイナスの場合はゼロを記入。 ※税額控除限度額の上限となる。	51,186,734円	
5	新規雇用者給与等支給額 （25欄：①−②＋③） ※他の者から支払を受ける金額 　のうち、雇用安定助成金額を 　除いた金額を控除している。	26,550,300円	
6	新規雇用者比較給与等支給額 （32欄から転記）	18,754,336円	

番号	項目の内容 (計算に必要な項目のみ記載)	記載すべき 金額等	適用要件の 充足性判定
7	新規雇用者給与等支給増加額 (5欄－6欄)	7,795,964円	
8	新規雇用者給与等支給増加割合 (7欄÷6欄) ※2％以上であれば適用要件を 　満たす。	0.415	要件満たす
9	教育訓練費の額	7,869,500円	
10	比較教育訓練費の額（37欄）	6,034,520円	
11	教育訓練費増加額(9欄－10欄) ※マイナスの場合はゼロを記入。	1,834,980円	
12	教育訓練費増加割合 (11欄÷10欄) ※20％以上であれば上乗せ控除 　の要件を満たす。	0.304	要件満たす 上乗せ控除 適用可
13	雇用者給与等支給増加重複控除 額 ※雇用促進税制を併用する場合 　の調整計算があれば記載が必 　要となる。	該当なし	
14	差引控除対象新規雇用者給与等 支給額 (1欄と4欄のうち少ない金額 －13欄)	22,900,300円	

272　　第12章　申告書への記載

番号	項目の内容 (計算に必要な項目のみ記載)	記載すべき 金額等	適用要件の 充足性判定
15	税額控除限度額 (上乗せ控除の適用あり)	4,580,060円	
16	税額控除限度額 (上乗せ控除の適用なし)	該当なし	
17	税額控除限度額 (15欄または16欄)	4,580,060円	
18	調整前法人税額 (別表1の「2」欄)	49,582,306円	
19	当期税額基準額 (調整前法人税額の20％相当額)	9,916,461円	
20	当期税額控除可能額 (17欄と19欄のうち少ない金額)	4,580,060円	
21	調整前法人税額超過構成額 (別表6(6)の「7の㉒」欄から転記) ※適用する各租税特別措置における税額控除可能額の合計額が調整前法人税額の90％相当額を超える場合に検討する。	該当なし	
22	法人税額の特別控除額 (20欄－21欄)	4,580,060円	
23①	国内雇用者に対する給与等の支給額	422,589,630円	

番号	項目の内容 （計算に必要な項目のみ記載）	記載すべき 金額等	適用要件の 充足性判定
23②	23①欄に係る他の者から支払を 受ける金額	43,680,000円	
24①	国内新規雇用者に対する給与等 の支給額	26,550,300円	
24②	24①欄に係る他の者から支払を 受ける金額	3,650,000円	
25①	国内新規雇用者のうち雇用保険 の一般被保険者に対する給与等 の支給額 ※新規雇用者給与等支給額	26,550,300円	
25②	25①に係る他の者から支払を受 ける金額	3,650,000円	
25③	25②のうち、雇用安定助成金額	3,650,000円	
27	適用年度の月数に占める前事業 年度の月数の割合 ※月数が異なる場合に考慮	12月／12月	
28①	前事業年度： 国内雇用者に対する給与等の支 給額	405,222,896円	
28②	前事業年度： 23①に係る他の者から支払を受 ける金額	77,500,000円	

番号	項目の内容 (計算に必要な項目のみ記載)	記載すべき 金額等	適用要件の 充足性判定
29①	前事業年度： 国内新規雇用者に対する給与等 の支給額	18,754,336円	
29②	前事業年度： 24①に係る他の者から支払を受 ける金額	4,130,000円	
30①	前事業年度： 国内新規雇用者のうち雇用保険 の一般被保険者に対する給与等 の支給額 ※新規雇用者給与等支給額	18,754,336円	
30②	前事業年度： 25①に係る他の者から支払を受 ける金額	4,130,000円	
30③	前事業年度： 25②のうち、雇用安定助成金額	4,130,000円	
31	調整比較雇用者給与等支給額 (28欄の (①-②) ×27欄) ※税額控除限度額の上限の計算 　に用いる。	327,722,896円	
32	新規雇用者比較給与等支給額 (30欄の (①-②+③) ×27欄) ※適用要件の判定に用いる。	18,754,336円	

番号	項目の内容 (計算に必要な項目のみ記載)	記載すべき 金額等	適用要件の 充足性判定
34	比較教育訓練費の額 ※2段あるが、通常は下段のみ 　使用する。前事業年度が1年 　に満たない場合には、前1年 　内事業年度の集計が必要とな 　るため、その場合には上段も 　使用することとなる。	6,034,520円	
35	適用年度の月数に占める前事業 年度の月数の割合	12月／12月	
36	改定教育訓練費の額 (34欄×35欄) ※月数補正を行う。	6,034,520円	
37	比較教育訓練費の額 (36欄の合計÷調整対象年度数) ※本ケースでは調整対象年度数 　は「1年」。	6,034,520円	

　これらの別表には記載内容を相互に転記する箇所があるが、すべて別表内に参照先の項目番号が記載されていることから、整合性の確認に有用である。

【記載例2】 所得拡大促進税制（中小企業者等）

　【記載例1】のA株式会社（事業年度：令和3年4月1日～令和4年3月31日）が中小企業者等に該当すると仮定し、所得拡大促進税制を適用する場合の法人税申告書別表6⒇の記載例を示す。

別表6⑵⑧ 【記載例】

中小企業者等の給与等の支給額が増加した場合の法人税額の特別控除に関する明細書

事業年度	3・4・1 〜 4・3・31	法人名	A株式会社（中小企業者等）

別表六（二十八）　令三・四・一以後終了事業年度分

項目	No.	金額	項目	No.	金額
雇用者給与等支給額 (25)	1	422,589,630 円	雇用者給与等支給増加重複控除額（別表六(二十九)「26」）	12	円
比較雇用者給与等支給額 (32)	2	405,222,896	差引控除対象雇用者給与等支給増加額（(3)と(7)のうち少ない金額）－(12)（マイナスの場合は0）	13	17,366,734
雇用者給与等支給増加額 (1)－(2)（マイナスの場合は0）	3	17,366,734	法人税額の特別控除額の計算 中小企業控除限度額 (4)≧2.5%の場合において、(11)≧10%若しくは(8)＞(10)>0のとき又は経営力向上要件を満たすとき (13)×25/100	14	4,341,683
雇用者給与等支給増加割合 (3)/(2)（(2)=0の場合は0）	4	0.043	同上以外の場合 (13)×15/100（(4)<0.015の場合は0）	15	
支給増加雇用者給与等計算 調整雇用者給与等支給額 (26)	5	378,909,630 円	中小企業者等税額控除限度額 ((15)	16	4,341,683
調整比較雇用者給与等支給額 (33)	6	327,722,896	調整前法人税額（別表一「2」又は別表一の三「2」若しくは「14」）	17	49,582,306
調整雇用者給与等支給増加額 (5)－(6)（マイナスの場合は0）	7	51,186,734	当期税額基準額 (17)×20/100	18	9,916,461
教育訓練費増加割合の計算 教育訓練費の額 (38)	8	7,869,500	当期税額控除可能額 ((16)と(18)のうち少ない金額)	19	4,341,683
比較教育訓練費の額 (38)	9	6,034,520	調整前法人税額超過構成額（別表六(六)「7の㉓」）	20	
教育訓練費増加額 (8)－(9)（マイナスの場合は0）	10	1,834,980	法人税額の特別控除額 (19)－(20)	21	4,341,683
教育訓練費増加割合の計算 (10)/(9)（(9)=0の場合は0）	11	0.304			

雇用者給与等支給額及び調整雇用者給与等支給額の計算

国内雇用者に対する給与等の支給額	(22)の給与等に充てるため他の者から支払を受ける金額	(23)のうち雇用安定助成金額	雇用者給与等支給額 (22)－(23)＋(24)（マイナスの場合は0）	調整雇用者給与等支給額 (22)－(23)（マイナスの場合は0）
22	23	24	25	26
422,589,630 円	43,680,000	43,680,000 円	422,589,630	378,909,630

比較雇用者給与等支給額及び調整比較雇用者給与等支給額の計算

前事業年度又は前連結事業年度	国内雇用者に対する給与等の支給額	(28)の給与等に充てるため他の者から支払を受ける金額	(29)のうち雇用安定助成金額	適用年度の月数 (27)の前事業年度又は前連結事業年度の月数
27	28	29	30	31
2・4・1 〜 3・3・31	405,222,896 円	77,500,000	77,500,000 円	12/12

比較雇用者給与等支給額 ((28)－(29)＋(30))×(31)（マイナスの場合は0）	32	405,222,896
調整比較雇用者給与等支給額 ((28)－(29))×(31)（マイナスの場合は0）	33	327,722,896

比較教育訓練費の額の計算

事業年度又は連結事業年度	教育訓練費の額	適用年度の月数 (34)の事業年度又は連結事業年度の月数	改定教育訓練費の額 (35)×(36)
34	35	36	37
調整対象年度 2・4・1 〜 3・3・31	6,034,520 円	12/12	6,034,520 円
計			6,034,520

比較教育訓練費の額 (37の計)÷(調整対象年度数)	38	6,034,520 円

277

【解説】

別表6⒄各項目の記載要領は以下の通りである。

【別表6 ⒄】

記載順序：22欄〜 38欄　⇒　 1 欄〜 21欄

番号	項目の内容 （計算に必要な項目のみ記載）	記載すべき 金額等	適用要件の 充足性判定
1	雇用者給与等支給額 （25欄から転記）	422,589,630円	
2	比較雇用者給与等支給額 （32欄から転記）	405,222,896円	
3	雇用者給与等支給増加額 （ 1 欄－ 2 欄）	17,366,734円	
4	雇用者給与等支給増加割合 （ 3 欄÷ 2 欄） ※1.5％以上であれば適用要件 　を満たす。	0.043	要件満たす
5	調整雇用者給与等支給額 （26欄から転記）	378,909,630円	
6	調整比較雇用者給与等支給額 （33欄から転記）	327,722,896円	
7	調整雇用者給与等支給増加額 （ 5 欄－ 6 欄） ※マイナスの場合はゼロを記入。 ※税額控除限度額の上限となる。	51,186,734円	

番号	項目の内容 (計算に必要な項目のみ記載)	記載すべき 金額等	適用要件の 充足性判定
8	教育訓練費の額	7,869,500円	
9	比較教育訓練費の額 (38欄から転記)	6,034,520円	
10	教育訓練費増加額(8欄-9欄)	1,834,980円	
11	教育訓練費増加割合 (10欄÷9欄) ※10%以上であれば上乗せ控除 　の要件を満たす。	0.304	要件満たす
12	雇用者給与等支給増加重複控除 額 (別表6㉙の26欄から転記) ※雇用促進税制を併用する場合 　の調整計算があれば記載が必 　要となる。	該当なし	
13	差引控除対象雇用者給与等支給 増加額 (3欄と7欄のうち少ない額- 12欄)	17,366,734円	
14	税額控除限度額 (上乗せ控除の適用あり)	4,341,683円	
15	税額控除限度額 (上乗せ控除の適用なし)	該当なし	

番号	項目の内容 (計算に必要な項目のみ記載)	記載すべき 金額等	適用要件の 充足性判定
16	税額控除限度額 (14欄または15欄)	4,341,683円	
17	調整前法人税額 (別表1の「2」欄)	49,582,306円	
18	当期税額基準額 (調整前法人税額の20%相当額)	9,916,461円	
19	当期税額控除可能額 (16欄と18欄のうち少ない金額)	4,341,683円	
20	調整前法人税額超過構成額 (別表6(6)の「7の㉓」欄から転記) ※適用する各租税特別措置における税額控除可能額の合計額が調整前法人税額の90%相当額を超える場合に検討する。	該当なし	
21	法人税額の特別控除額 (19欄－20欄)	4,341,683円	
22	国内雇用者に対する給与等の支給額	422,589,630円	
23	22欄に係る他の者から支払を受ける金額	43,680,000円	
24	23欄に係る雇用安定助成金額	43,680,000円	

番号	項目の内容 （計算に必要な項目のみ記載）	記載すべき 金額等	適用要件の 充足性判定
25	雇用者給与等支給額 （22欄－23欄＋24欄） ※他の者から支払を受ける金額 　のうち、雇用安定助成金額を 　除いた金額を控除している。	422,589,630円	
26	調整雇用者給与等支給額 （22欄－23欄） ※税額控除限度額の上限の計算 　に用いる。	378,909,630円	
28	前事業年度： 国内雇用者に対する給与等の支 給額	405,222,896円	
29	前事業年度： 28欄に係る他の者から支払を受 ける金額	77,500,000円	
30	前事業年度： 29欄に係る雇用安定助成金額	77,500,000円	
31	適用年度の月数に占める前事業 年度の月数の割合 ※月数が異なる場合に考慮。	12月／12月	
32	比較雇用者給与等支給額 （28欄－29欄＋30欄）×31欄 ※適用要件の判定に用いる。	405,222,896円	

番号	項目の内容 （計算に必要な項目のみ記載）	記載すべき 金額等	適用要件の 充足性判定
33	調整比較雇用者給与等支給額 （28欄－29欄）×31欄 ※税額控除限度額の上限の計算 　に用いる。	327,722,896円	
35	比較教育訓練費の額 ※2段あるが、通常は下段のみ 　使用する。前事業年度が1年 　に満たない場合には、前1年 　内事業年度の集計が必要とな 　るため、その場合には上段も 　使用することとなる。	6,034,520円	
36	適用年度の月数に占める前事業 年度の月数の割合	12月／12月	
37	改定教育訓練費の額 ※月数補正を行う。	6,034,520円	
38	比較教育訓練費の額 （37欄の計）÷（調整対象年度数） ※本ケースでは調整対象年度数 　は「1年」。	6,034,520円	

【記載例3】賃上げ・投資促進税制（旧制度）

　C株式会社（事業年度：令和3年1月1日～令和3年12月31日）の以下の資料に基づき、賃上げ・投資促進税制（令和3年度税制改正前）に係る法人税申告書別表6⒇の記載例を示す。

　なおC社は中小企業者等には該当しないものとする。

282　　第12章　申告書への記載

【資料】

C社の給与等支給額等は下表の通りである。

項　目	金額（円）	対象年度
雇用者給与等支給額	417,396,223	
比較雇用者給与等支給額	395,945,962	令和 2 年 1 月 1 日〜令和 2 年12月31日
継続雇用者給与等支給額	403,671,125	
継続雇用者比較給与等支給額	380,360,877	
国内設備投資額	68,500,000	
当期償却費総額	47,132,950	
教育訓練費の額	8,126,990	令和 3 年 1 月 1 日〜令和 3 年12月31日
	5,931,220	令和 2 年 1 月 1 日〜令和 2 年12月31日
	6,850,150	平成31年 1 月 1 日〜令和元年12月31日
調整前法人税額	134,222,960	

別表6⒇【記載例】

給与等の引上げ及び設備投資を行った場合の法人税額の特別控除に関する明細書

事業年度	3 · 1 · 1 ~ 3 · 12 · 31	法人名	C株式会社

雇用者給与等支給額	1	417,396,223 円		雇用者給与等支給増加重複控除額 (別表六(二十六)「14」)	15			円
比較雇用者給与等支給額 (28)	2	395,945,962		雇用者給与等支給増加額 (3)-(15) (マイナスの場合は0)	16	21,450,261		
調整前雇用者給与等支給増加額 (1)-(2) (マイナスの場合は0)	3	21,450,261	法人税額控除限度額の特別控除額の計算	(14)≧20%又は(11)-(13)>0の場合 (16)×20/100	17	4,290,052		
継続増雇用者給与等支給額 (33の①)	4	403,671,125						
続雇用者給与等支給額の計算	継続雇用者比較給与等支給額 (33の②)又は(33の③)	5	380,360,877	同上以外の場合 (16)×15/100	18			
継続雇用者給与等支給増加額 (4)-(5) (マイナスの場合は0)	6	23,310,248		税額控除限度額 (17)又は(18) ((7)<0.03又は(8)<(10)の場合は0)	19	4,290,052		
継続雇用者給与等支給増加割合 (6)/(5) ((5)=0の場合は0)	7	0.061						
国に係る国内設備投資額計算資 国内設備投資額 (36)	8	68,500,000 円	税額控除額の計算	調整前法人税額 (別表「2」又は別表一の三「2」若しくは「14」)	20	134,222,960		
当期償却費総額 (9)	9	47,132,950		当期税額基準額 (20)×20/100	21	26,844,592		
当期償却費総額の95%相当額 (9)×95/100	10	44,776,302		当期税額控除可能額 ((19)と(21)のうち少ない金額)	22	4,290,052		
教育訓練費増加割合の計算	教育訓練費の額 (41)	11	8,126,990	調整前法人税額超過構成額 (別表六(六)「7の⑳」)	23			
比較教育訓練費の額 (41)	12	6,390,685		法人税額の特別控除額 (22)-(23)	24	4,290,052		
教育訓練費増加額 (11)-(12) (マイナスの場合は0)	13	1,736,305						
教育訓練費増加割合 (13)/(12) ((12)=0の場合は0)	14	0.272						

比 較 雇 用 者 給 与 等 支 給 額 の 計 算

前事業年度又は前連結事業年度	国内雇用者に対する給与等の支給額	適用年度の月数 (25)の前事業年度の月数 前連結事業年度の月数	比較雇用者給与等支給額 (26)×(27)
25	26	27	28
2 · 1 · 1 ~ 2 · 12 · 31	395,945,962 円	12/12	395,945,962 円

継 続 雇 用 者 給 与 等 支 給 額 及 び 継 続 雇 用 者 比 較 給 与 等 支 給 額 の 計 算

		継続雇用者給与等支給額の計算 適用年度 ①	継続雇用者比較給与等支給額 前事業年度等 ②	前一年事業年度等特定期間 ③
事業年度等又は連結事業年度等	29	2 · 1 · 1 ~ 2 · 12 · 31		
雇用者給与等支給額	30	(1) 417,396,223 円	(26) 395,945,962 円	円
同上のうち継続雇用者に係る金額	31	403,671,125	380,360,877	
適用年度の月数 (29の③)の月数	32			
継続雇用者給与等支給額及び継続雇用者比較給与等支給額 (31)又は((31)×(32))	33	403,671,125	380,360,877	円

当 期 償 却 費 総 額 の 計 算

損益計算書に計上された減価償却費の額	34	47,132,950 円	当期償却費総額 (34)+(35)	36	47,132,950 円
剰余金の処分の方法により特別償却準備金として積み立てた金額その他上記以外の金額	35				

比 較 教 育 訓 練 費 の 額 の 計 算

事業年度又は連結事業年度	教育訓練費の額	適用年度の月数 (37)の事業年度又は連結事業年度の月数	改定教育訓練費の額 (38)×(39)
37	38	39	40
調整対象年度	· · ~ · ·	円	/	円
	31 · 1 · 1 ~ 1 · 12 · 31	6,850,150	12/12	6,850,150
	2 · 1 · 1 ~ 2 · 12 · 31	5,931,220	12/12	5,931,220
計				12,781,370
比 較 教 育 訓 練 費 の 額 (40の計)÷(調整対象年度数)	41			6,390,685

【解説】

別表6⒇各項目の記載要領は以下のとおりである。

【別表6 ⒇】

記載順序：1欄　⇒　25欄〜40欄　⇒　2欄〜24欄

番号	項目の内容	記載すべき金額等	適用要件の充足性判定
1	雇用者給与等支給額	417,396,223円	
2	比較雇用者給与等支給額 （28欄から転記）	395,945,962円	
3	調整前雇用者給与等支給増加額 （1欄−2欄） ※マイナスの場合はゼロを記入	21,450,261円	
4	継続雇用者給与等支給額 （33①欄から転記）	403,671,125円	
5	継続雇用者比較給与等支給額 （33②欄または33③欄から転記）	380,360,677円	
6	継続雇用者給与等支給増加額 （5欄−6欄）	23,310,248円	
7	継続雇用者給与等支給増加割合 （6欄÷5欄） ※5欄がゼロの場合にはゼロを記入。 ※3％以上であれば適用要件を満たす。	0.061	要件満たす

285

番号	項目の内容	記載すべき 金額等	適用要件の 充足性判定
8	国内設備投資額	68,500,000円	
9	当期償却費総額（36欄から転記）	47,132,950円	
10	当期償却費総額の95％相当額 （9欄×95％） ※8欄＞10欄　であれば適用要 　件を満たす。	44,776,302円	要件満たす
11	教育訓練費の額	8,126,990円	
12	比較教育訓練費の額 （41欄から転記）	6,390,685円	
13	教育訓練費増加額（11欄－12欄） ※マイナスの場合はゼロを記入。	1,736,305円	
14	教育訓練費増加割合 （13欄÷12欄） ※20％以上であれば上乗せ控除 　の要件を満たす。	0.272	要件満たす 上乗せ控除 適用可
15	雇用者給与等支給増加重複控除 額 （別表6⒂の14欄から転記） ※雇用促進税制を併用する場合 　の調整計算があれば記載が必 　要となる。	該当なし	

番号	項目の内容	記載すべき金額等	適用要件の充足性判定
16	雇用者給与等支給増加額 （3欄－15欄） ※マイナスの場合にはゼロを記入。 ※マイナスの場合には税額控除の適用なし。	21,450,261円	
17	税額控除限度額 （上乗せ控除の適用あり）	4,290,052円	
18	税額控除限度額 （上乗せ控除の適用なし）	該当なし	
19	税額控除限度額 （17欄または18欄）	4,290,052円	
20	調整前法人税額 （別表1の「2」欄）	134,222,960円	
21	当期税額基準額（控除上限額） （20欄×20％）	26,844,592円	
22	当期税額控除可能額 （19欄と21欄のうち少ない金額）	4,290,052円	
23	調整前法人税額超過構成額 （別表6(6)の「7の⑳欄」から転記） ※適用する各租税特別措置における税額控除可能額の合計が調整前法人税額の90％相当額を超える場合に検討する。	該当なし	

番号	項目の内容	記載すべき金額等	適用要件の充足性判定
24	法人税額の特別控除額 （22欄－23欄）	4,290,052円	
26	国内雇用者に対する給与等の支給額	395,945,962円	
27	適用年度の月数に占める前事業年度の月数の割合 ※月数が異なる場合に考慮。	12月／12月	
28	比較雇用者給与等支給額 （26欄×27欄）	395,945,962円	
30①	雇用者給与等支給額 （1欄から転記）	417,396,223円	
30②	比較雇用者給与等支給額 （26欄から転記）	395,945,962円	
30③	雇用者給与等支給額 （前一年事業年度等特定期間） ※前事業年度の月数が1年に満たない場合の取扱いであるが、実際にこの金額は他の項目の計算に使用されない。	該当なし	
31①	継続雇用者給与等支給額	403,671,125円	
31②	継続雇用者比較給与等支給額 （前事業年度）	380,360,877円	

番号	項目の内容	記載すべき金額等	適用要件の充足性判定
31③	継続雇用者比較給与等支給額（前一年事業年度等特定期間）	該当なし	
32	適用年度の月数に占める前一年事業年度等特定期間の月数	該当なし	
33①	継続雇用者給与等支給額（31①欄から転記）	403,671,125円	
33②	継続雇用者比較給与等支給額（31②欄から転記）	380,360,877円	
33③	継続雇用者比較給与等支給額（31③欄×32欄）	該当なし	
34	損益計算書に計上された減価償却費の額	47,132,950円	
35	剰余金の処分の方法により特別償却準備金として積み立てた金額その他上記以外の金額	該当なし	
36	当期償却費総額（34欄＋35欄）	47,132,950円	
38	調整対象年度ごとの教育訓練費の額 ・令和元年12月期 ・令和 2 年12月期	6,850,150円 5,931,220円	

番号	項目の内容	記載すべき金額等	適用要件の充足性判定
39	適用年度の月数に占める調整対象年度における各事業年度の月数の割合	いずれも 12月／12月	
40	調整対象年度ごとの改定教育訓練費の額および合計額 （38欄×39欄） ・令和元年12月期 ・令和2年12月期 ・合計 ※月数補正を行う。	6,850,150円 5,931,220円 12,781,370円	
41	比較教育訓練費の額 （40欄の計）÷（調整対象年度数） ※本ケースでは調整対象年度数は「2年」。	6,390,685円	

【記載例4】人材確保等促進税制（連結納税の場合）

　P株式会社、S1株式会社及びS2株式会社はP株式会社を連結親法人とした連結納税制度を採用している。

　以下の資料に基づき、人材確保等促進税制に係る法人税申告書別表6の2㉔（連結グループ全体）及び別表6の2㉔付表（S1株式会社分）の記載例を示す。

　なお連結事業年度は令和3年4月1日から令和4年3月31日までであり、P株式会社は中小連結親法人に該当しないものとする。

【資料】

1. 各連結法人の給与等支給額等は下表の通りである。

(単位：円)

	P社	S1社	S2社	合計
雇用者給与等支給額	356,190,702	209,301,734	87,831,082	653,323,518
同上のうち国内新規雇用者に係る金額	28,863,410	13,895,800	6,897,000	49,656,210
同上のうち一般被保険者に係る金額	28,863,410	13,895,800	6,897,000	49,656,210
比較雇用者給与等支給額	324,133,539	167,441,387	74,656,420	566,231,346
新規雇用者比較給与等支給額	21,397,866	10,210,400	3,850,000	35,458,266
教育訓練費の額	8,653,472	4,092,654	2,568,124	15,314,250
比較教育訓練費の額	7,663,174	2,395,784	2,080,180	12,139,138

※設例簡素化のため、他の者から支払を受ける金額はないものとした。

2. 当連結事業年度における調整前連結税額は34,120,400円である。

別表6の2⑷ 【記載例】

給与等の支給額が増加した場合の法人税額の特別控除に関する明細書

連結事業年度	3・4・1 〜 4・3・31	法人名	P株式会社

別表六の二(二十四) 令三・四・一以後終了連結事業年度分

新給規増雇加用給者与合等計支	新規雇用者給与等支給額の合計額 (各連結法人の別表六の二(二十四)付表「12」の合計)	1	49,656,210 円
	新規雇用者比較給与等支給額の合計額 (各連結法人の別表六の二(二十四)付表「19」の合計)	2	35,458,266
	新規雇用者給与等支給増加額 (1)－(2) (マイナスの場合は0)	3	14,197,944
	新規雇用者給与等支給増加割合 (3)／(2) ((2)=0の場合は0)	4	0.400
教育訓練費増加割合の計算	教育訓練費の額の合計額 (各連結法人の(20)の合計)	5	15,314,250 円
	比較教育訓練費の額の合計額 (各連結法人の(25)の合計)	6	12,139,138
	教育訓練費増加額 (5)－(6) (マイナスの場合は0)	7	3,175,112
	教育訓練費増加割合 (7)／(6) ((6)=0の場合は0)	8	0.262
控除対象新規雇用者給与等支給額の合計額 (各連結法人の別表六の二(二十四)付表「5」の合計)		9	49,656,210 円
個別給与控除額の合計額 (各連結法人の別表六の二(二十六)「16」の合計)		10	
差引控除対象新規雇用者給与等支給額の合計額 (9)－(10) (マイナスの場合は0)		11	49,656,210

法人税額の特別控除額の計算	税額控除限度額の計算	(8)≧20% 又は(5)＝(7)>0の場合 (11)×20/100	12	9,931,242 円
		同上以外の場合 (11)×15/100	13	
		税額控除限度額 (12)又は(13) ((4)<0.02の場合は0)	14	9,931,242
	調整前連結税額 (別表一の二「2」)	15	34,120,400
	当期税額基準額 (15)×20/100	16	6,824,080
	当期税額控除可能額 ((14)と(16)のうち少ない金額)	17	6,824,080
	調整前連結税額超過構成額 (別表六の二(三)「7の②」)	18	
	法人税額の特別控除額 (17)－(18)	19	6,824,080

各連結法人の比較教育訓練費の額等の計算

教育訓練費の額	20	15,314,250 円

連結事業年度又は事業年度	教育訓練費の額	適用年度の月数／(21)の連結事業年度又は事業年度の月数	改定教育訓練費の額 (22)×(23)
21	22	23	24
調整対象年度	円	———	円
2・4・1 3・3・31	12,139,138	12/12	12,139,138
計			12,139,138

比較教育訓練費の額 (24の計)÷(調整対象年度数)	25	12,139,138

別表6の2⑳付表【記載例】

各連結法人の当期控除額の個別帰属額に関する明細書		連結事業年度	3・4・1 4・3・31	法人名	（ P株式会社 S1株式会社 ）
国内新規雇用者に対する給与等の支給額 (10の①)－(10の②) （マイナスの場合は0）	1	13,895,800	控除対象新規雇用者給与等支給額 ((1)と(4)のうち少ない金額)	5	13,895,800
調整雇用者給与等支給額 (9の①)－(9の②) （マイナスの場合は0）	2	209,301,734	差引控除対象新規雇用者給与等支給額 (5)－別表六の二(二十六)「16」 （マイナスの場合は0）	6	13,895,800
調整比較雇用者給与等支給額 (18)	3	167,441,387	各連結法人の差引控除対象新規雇用者給与等 支給額の合計額 （各連結法人の(6)の合計）	7	49,656,210
調整雇用者給与等支給増加額 (2)－(3)	4	41,860,347	当期控除額の個別帰属額 （別表六の二(二十四)「19」）×(6)/(7)	8	1,909,651

国内新規雇用者に対する給与等の支給額及び調整雇用者給与等支給額の明細並びに新規雇用者給与等支給額の計算		給与等の支給額 ①	①の給与等に充てるため他の者から支払を受ける金額 ②	②のうち雇用安定助成金額 ③
国内雇用者に対する給与等の支給額	9	209,301,734 円	円	
同上のうち国内新規雇用者に係る金額	10	13,895,800		
同上のうち一般被保険者に係る金額	11	13,895,800		
新規雇用者給与等支給額 (11の①)－(11の②)+(11の③) （マイナスの場合は0）	12			13,895,800

調整比較雇用者給与等支給額及び新規雇用者比較給与等支給額の計算				
前連結事業年度又は前事業年度	13	2・4・1 3・3・31	適用年度の月数 (13)の前連結事業年度 又は前事業年度の月数	14	12/12

		給与等の支給額 ①	①の給与等に充てるため他の者から支払を受ける金額 ②	②のうち雇用安定助成金額 ③
国内雇用者に対する給与等の支給額	15	167,441,387 円	円	
同上のうち国内新規雇用者に係る金額	16	10,210,400		
同上のうち一般被保険者に係る金額	17	10,210,400		円
調整比較雇用者給与等支給額 ((15の①)－(15の②))×(14) （マイナスの場合は0）	18			167,441,387
新規雇用者比較給与等支給額 ((17の①)－(17の②)+(17の③))×(14) （マイナスの場合は0）	19			10,210,400

別表六の二「二十四」付表　令三・四・一以後終了連結事業年度分

【解説】

　別表6の2⒇は、連結法人が本税制を適用する場合に作成されるものである。記載項目は単体納税の別表6㉗と同様であるが、適用要件の判定、税額控除限度額および控除税額の計算（1欄〜19欄）の金額はグループ全体の合計額を用いることとなる。20欄以下の項目（教育訓練費の額および比較教育訓練費の額）については、各連結法人がそれぞれ金額を記載する必要がある。

　また、別表6の2⒇付表は、本税制による控除税額（当期控除額）について、各連結法人の個別帰属額を計算するために作成されるものである。具体的には、連結納税グループ全体で計算された当期控除額は、各連結法人の「差引控除対象新規雇用者給与等支給額」の割合で按分して計算されるから、それに必要な項目を本付表に記載することとなる。

【別表6の2⒇】

　この別表を作成するためには、それに先立って各連結法人の別表6の2⒇付表に記載すべき金額および別表6の2⒇の20欄〜25欄に記載すべき金額の集計が必要となる。

　それらの合計額等に基づき、1欄〜25欄の記載が可能となる。

番号	項目の内容	記載すべき金額等	適用要件の充足性判定
【連結グループ全体の金額（合計額）を記載】			
1	新規雇用者給与等支給額の合計額 （各連結法人の付表12欄の合計）	49,656,210円	

番号	項目の内容	記載すべき金額等	適用要件の充足性判定
2	新規雇用者比較給与等支給額の合計額 （各連結法人の付表19欄の合計）	35,458,266円	
3	新規雇用者給与等支給増加額 （1欄－2欄） ※マイナスの場合はゼロを記入。	14,197,944円	
4	新規雇用者給与等支給増加割合 （3欄÷2欄） ※2欄がゼロの場合にはゼロを記入。 ※2％以上であれば適用要件を満たす。	0.400	要件満たす
5	教育訓練費の額の合計額 （各連結法人の20欄の合計）	15,314,250円	
6	比較教育訓練費の額の合計額 （各連結法人の25欄の合計）	12,139,138円	
7	教育訓練費増加額 （5欄－6欄）	3,175,112円	
8	教育訓練費増加割合 （7欄÷6欄） ※20％以上であれば上乗せ控除の要件を満たす。	0.262	要件満たす 上乗せ控除適用可

番号	項目の内容	記載すべき 金額等	適用要件の 充足性判定
9	控除対象新規雇用者給与等支給額の合計額 （各連結法人の付表5欄の合計）	49,656,210円	
10	個別給与控除額の合計額 （各連結法人の別表6の2㉖の16欄の合計額） ※雇用促進税制を併用する場合の調整計算があれば記載が必要となる。	該当なし	
11	差引控除対象新規雇用者給与等支給額の合計額（9欄－10欄）	49,656,210円	
12	税額控除限度額 （上乗せ控除の適用あり）	9,931,242円	
13	税額控除限度額 （上乗せ控除の適用なし）	該当なし	
14	税額控除限度額 （12欄または13欄）	9,931,242円	
15	調整前連結税額 （別表1の2の「2」欄）	34,120,400円	
16	当期税額基準額 （調整前連結税額の20％相当額）	6,824,080円	
17	当期税額控除可能額 （14欄と16欄のうち少ない金額）	6,824,080円	

番号	項目の内容	記載すべき 金額等	適用要件の 充足性判定
18	調整前連結税額超過構成額 （別表 6 の 2 ⑶の「 7 の㉒」欄 から転記） ※適用する各租税特別措置にお 　ける税額控除可能額の合計額 　が調整前連結税額の90％相当 　額を超える場合に検討する。	該当なし	
19	法人税額の特別控除額 （17欄－18欄）	6,824,080円	
20	教育訓練費の額	15,314,250円	
22	調整対象年度における教育訓練 費の額	12,139,138円	
23	適用年度の月数に占める調整対 象年度における事業年度の月数 の割合	12月／ 12月	
24	改定教育訓練費の額 ※月数補正を行う。	12,139,138円	
25	比較教育訓練費の額 ※本ケースでは調整対象年度数 　は「 1 年」。	12,139,138円	

【別表6の2⒀】付表

記載順序： 9欄～19欄　⇒　1欄～8欄

番号	項目の内容	記載すべき 金額等
1	国内新規雇用者に対する給与等の支給額 （10欄：①－②） ※マイナスとなる場合にはゼロを記入。	13,895,800円
2	調整雇用者給与等支給額（9欄：①－②） ※同上	209,301,734円
3	調整比較雇用者給与等支給額（18欄から転記）	167,441,387円
4	調整雇用者給与等支給増加額（2欄－3欄） ※マイナスの場合はゼロを記入。 ※税額控除限度額の上限となる。	41,860,347円
5	控除対象新規雇用者給与等支給額 （1欄と4欄のうち少ない金額）	13,895,800円
6	差引控除対象新規雇用給与等支給額 （5欄－別表6の2⒃の16欄） ※マイナスの場合はゼロを記入。 ※雇用促進税制を併用する場合の調整計算があ 　れば調整が必要となる。 ※個別帰属額計算上の分子となる。	13,895,800円
7	各連結法人の差引控除対象新規雇用者給与等支 給額の合計額（各連結法人の6欄の合計額） ※個別帰属額計算上の分母となる。	49,656,210円

番号	項目の内容	記載すべき 金額等
8	当期控除額の個別帰属額 （別表６の２㉔の19欄）×６欄÷７欄	1,909,551円
9	国内雇用者に対する給与等の支給額	209,301,734円
10①	同上のうち国内新規雇用者に係る金額	13,895,800円
11①	同上のうち一般被保険者に係る金額	13,895,800円
12①	新規雇用者給与等支給額（11欄：①－②＋③） ※マイナスの場合はゼロを記入。	13,895,800円
14	適用年度の月数に占める前事業年度の月数の割合	12月／12月
15①	前事業年度： 国内雇用者に対する給与等の支給額	167,441,387円
16①	前事業年度： 同上のうち国内新規雇用者に係る金額	10,210,400円
17①	前事業年度： 同上のうち一般被保険者に係る金額	10,210,400円
18	調整比較雇用者給与等支給額 （15欄の（①－②）×14欄） ※マイナスの場合はゼロを記入。	167,441,387円
19	新規雇用者比較給与等支給額 （17欄の（①－②＋③）×14欄） ※マイナスの場合はゼロを記入。	10,210,400円

第 **13** 章

関連法規・通達集

本書に掲載した内容は令和3年9月15日現在のものである。
　読者の便宜のため、参照先の政省令の情報を追記しているほか、本文中の漢数字をローマ数字に改める等の加工を施している。

1 法律

（給与等の支給額が増加した場合の法人税額の特別控除）
第42条の12の5
1　青色申告書を提出する法人が、平成30年4月1日から令和5年3月31日までの間に開始する各事業年度（設立事業年度、解散（合併による解散を除く。）の日を含む事業年度及び清算中の各事業年度を除く。）において国内新規雇用者に対して給与等を支給する場合において、当該事業年度において第1号に掲げる要件を満たすときは、当該法人の当該事業年度の所得に対する調整前法人税額（第42条の4第8項第2号に規定する調整前法人税額をいう。以下この項及び次項において同じ。）から、当該法人の当該事業年度の控除対象新規雇用者給与等支給額（当該事業年度において第42条の12の規定の適用を受ける場合には、同条の規定による控除を受ける金額の計算の基礎となった者に対する給与等の支給額として政令（措令27の12の5①）で定めるところにより計算した金額を控除した残額）の100分の15（当該事業年度において第2号に掲げる要件を満たす場合には、100分の20）に相当する金額（以下この項において「税額控除限度額」という。）を控除する。この場合において、当該税額控除限度額が、当該法人の当該事業年度の所得に対する調整前法人税額の100分の20に相当する金額を超えるときは、その控除を受ける金額は、当該100分の20に相当する金額を限度とする。

一　当該法人の新規雇用者給与等支給額からその新規雇用者比較給与等支給額を控除した金額の当該新規雇用者比較給与等支給額に対する割合が100分の2以上であること。

二　当該法人の当該事業年度の所得の金額の計算上損金の額に算入される
　　教育訓練費の額（その教育訓練費に充てるため他の者（その法人との間
　　に連結完全支配関係がある他の連結法人及びその法人が外国法人である
　　場合の法人税法第138条第1項第1号に規定する本店等を含む。）から支
　　払を受ける金額がある場合には、当該金額を控除した金額。次項第2号
　　イ及び第3項第8号において同じ。）からその比較教育訓練費の額を控
　　除した金額の当該比較教育訓練費の額に対する割合が100分の20以上で
　　あること。

2　第42条の4第8項第7号に規定する中小企業者（同項第8号に規定する
　　適用除外事業者に該当するものを除く。）又は同項第9号に規定する農業
　　協同組合等で、青色申告書を提出するもの（以下この項及び次項第12号に
　　おいて「中小企業者等」という。）が、平成30年4月1日から令和5年3
　　月31日までの間に開始する各事業年度（前項の規定の適用を受ける事業年
　　度、設立事業年度、解散（合併による解散を除く。）の日を含む事業年度
　　及び清算中の各事業年度を除く。）において国内雇用者に対して給与等を
　　支給する場合において、当該事業年度において当該中小企業者等の雇用者
　　給与等支給額からその比較雇用者給与等支給額を控除した金額の当該比較
　　雇用者給与等支給額に対する割合が100分の1.5以上であるときは、当該中
　　小企業者等の当該事業年度の所得に対する調整前法人税額から、当該中小
　　企業者等の当該事業年度の控除対象雇用者給与等支給増加額（当該事業年
　　度において第42条の12の規定の適用を受ける場合には、同条の規定による
　　控除を受ける金額の計算の基礎となった者に対する給与等の支給額として
　　政令（措令27の12の5②）で定めるところにより計算した金額を控除した
　　残額）の100分の15（当該事業年度において次に掲げる要件を満たす場合
　　には、100分の25）に相当する金額（以下この項において「中小企業者等
　　税額控除限度額」という。）を控除する。この場合において、当該中小企
　　業者等税額控除限度額が、当該中小企業者等の当該事業年度の所得に対す
　　る調整前法人税額の100分の20に相当する金額を超えるときは、その控除

を受ける金額は、当該100分の20に相当する金額を限度とする。

一　当該中小企業者等の雇用者給与等支給額からその比較雇用者給与等支給額を控除した金額の当該比較雇用者給与等支給額に対する割合が100分の2.5以上であること。

二　次に掲げる要件のいずれかを満たすこと。

　　イ　当該中小企業者等の当該事業年度の所得の金額の計算上損金の額に算入される教育訓練費の額からその比較教育訓練費の額を控除した金額の当該比較教育訓練費の額に対する割合が100分の10以上であること。

　　ロ　当該中小企業者等が、当該事業年度終了の日までにおいて中小企業等経営強化法第17条第1項の認定を受けたものであり、当該認定に係る同項に規定する経営力向上計画（同法第18条第1項の規定による変更の認定があったときは、その変更後のもの）に記載された同法第2条第10項に規定する経営力向上が確実に行われたことにつき財務省令（措規20の10①）で定めるところにより証明がされたものであること。

3　この条において、次の各号に掲げる用語の意義は、当該各号に定めるところによる。

一　設立事業年度　設立の日（法人税法第2条第4号に規定する外国法人にあっては恒久的施設を有することとなった日とし、公益法人等及び人格のない社団等にあっては新たに収益事業を開始した日とし、公益法人等（収益事業を行っていないものに限る。）に該当していた普通法人又は協同組合等にあっては当該普通法人又は協同組合等に該当することとなった日とする。）を含む事業年度をいう。

二　国内新規雇用者　法人の国内雇用者のうち当該法人の有する国内の事業所に勤務することとなった日から１年を経過していないものとして政令（措令27の12の５③）で定めるものをいう。

三　給与等　所得税法第28条第１項に規定する給与等をいう。

四　控除対象新規雇用者給与等支給額　法人の各事業年度（以下この項において「適用年度」という。）の所得の金額の計算上損金の額に算入される国内新規雇用者に対する給与等の支給額（その給与等に充てるため他の者（その法人との間に連結完全支配関係がある他の連結法人及びその法人が外国法人である場合の法人税法第138条第１項第１号に規定する本店等を含む。次号において同じ。）から支払を受ける金額がある場合には、当該金額を控除した金額）のうち当該法人の当該適用年度の調整雇用者給与等支給増加額（イに掲げる金額からロに掲げる金額を控除した金額をいう。第12号において同じ。）に達するまでの金額をいう。

　　イ　雇用者給与等支給額（当該雇用者給与等支給額の計算の基礎となる給与等に充てるための雇用安定助成金額（国又は地方公共団体から受ける雇用保険法第62条第１項第１号に掲げる事業として支給が行われる助成金その他これに類するものの額をいう。以下この号及び次号において同じ。）がある場合には、当該雇用安定助成金額を控除した金額）

　　ロ　比較雇用者給与等支給額（当該比較雇用者給与等支給額の計算の基礎となる給与等に充てるための雇用安定助成金額がある場合には、当該雇用安定助成金額を控除した金額）

五　新規雇用者給与等支給額　法人の適用年度の所得の金額の計算上損金の額に算入される国内新規雇用者（雇用保険法第60条の２第１項第１号

に規定する一般被保険者に該当するものに限る。次号において同じ。）に対する給与等の支給額（その給与等に充てるため他の者から支払を受ける金額（雇用安定助成金額を除く。）がある場合には、当該金額を控除した金額。以下この項において同じ。）をいう。

六　新規雇用者比較給与等支給額　法人の適用年度開始の日の前日を含む事業年度（ロにおいて「前事業年度」という。）の所得の金額の計算上損金の額に算入される国内新規雇用者に対する給与等の支給額（次に掲げる場合に該当する場合には、それぞれ次に定める金額）をいう。

　　イ　当該適用年度開始の日の前日を含む事業年度が連結事業年度に該当する場合　当該前日を含む連結事業年度の連結所得の金額の計算上損金の額に算入される国内新規雇用者に対する給与等の支給額（当該連結事業年度の月数と当該適用年度の月数とが異なる場合には、その月数に応じ政令（措令27の12の5⑤、㉕）で定めるところにより計算した金額）

　　ロ　前事業年度の月数と当該適用年度の月数とが異なる場合（イに掲げる場合を除く。）　その月数に応じ政令（措令27の12の5⑥、㉕）で定めるところにより計算した金額

七　教育訓練費　法人がその国内雇用者の職務に必要な技術又は知識を習得させ、又は向上させるために支出する費用で政令（措令27の12の5⑬）で定めるものをいう。

八　比較教育訓練費の額　法人の適用年度開始の日前1年以内に開始した各事業年度の所得の金額の計算上損金の額に算入される教育訓練費の額（当該法人の当該適用年度開始の日前1年以内に開始した連結事業年度（以下この号において「1年以内連結事業年度」という。）にあっては当

該1年以内連結事業年度の連結所得の金額の計算上損金の額に算入される教育訓練費の額とし、当該各事業年度の月数（1年以内連結事業年度にあっては、当該法人の当該1年以内連結事業年度の月数。以下この号において同じ。）と当該適用年度の月数とが異なる場合にはこれらの教育訓練費の額に当該適用年度の月数を乗じてこれを当該各事業年度の月数で除して計算した金額とする。）の合計額を当該1年以内に開始した各事業年度の数（1年以内連結事業年度の数を含む。）で除して計算した金額をいう。

九　国内雇用者　法人の使用人（当該法人の役員（法人税法第2条第15号に規定する役員をいう。以下この号において同じ。）と政令（措令27の12の5⑰）で定める特殊の関係のある者及び当該法人の使用人としての職務を有する役員を除く。）のうち当該法人の有する国内の事業所に勤務する雇用者として政令（措令27の12の5⑱）で定めるものに該当するものをいう。

十　雇用者給与等支給額　法人の適用年度の所得の金額の計算上損金の額に算入される国内雇用者に対する給与等の支給額をいう。

十一　比較雇用者給与等支給額　法人の適用年度開始の日の前日を含む事業年度（ロにおいて「前事業年度」という。）の所得の金額の計算上損金の額に算入される国内雇用者に対する給与等の支給額（次に掲げる場合に該当する場合には、それぞれ次に定める金額）をいう。

イ　当該適用年度開始の日の前日を含む事業年度が連結事業年度に該当する場合　当該前日を含む連結事業年度の連結所得の金額の計算上損金の額に算入される国内雇用者に対する給与等の支給額（当該連結事業年度の月数と当該適用年度の月数とが異なる場合には、その月数に応じ政令（措令27の12の5⑲）で定めるところにより計算した金額）

ロ　前事業年度の月数と当該適用年度の月数とが異なる場合（イに掲げる場合を除く。）　その月数に応じ政令（措令27の12の5⑲）で定めるところにより計算した金額

十二　控除対象雇用者給与等支給増加額　中小企業者等の雇用者給与等支給額から当該中小企業者等の比較雇用者給与等支給額を控除した金額（当該金額が当該中小企業者等の適用年度の調整雇用者給与等支給増加額を超える場合には、当該調整雇用者給与等支給増加額）をいう。

4　前項の月数は、暦に従って計算し、1月に満たない端数を生じたときは、これを1月とする。

5　第1項及び第2項の規定は、確定申告書等（これらの規定により控除を受ける金額を増加させる修正申告書又は更正請求書を提出する場合には、当該修正申告書又は更正請求書を含む。）にこれらの規定による控除の対象となる控除対象新規雇用者給与等支給額又は控除対象雇用者給与等支給増加額、控除を受ける金額及び当該金額の計算に関する明細を記載した書類の添付がある場合に限り、適用する。この場合において、これらの規定により控除される金額の計算の基礎となる控除対象新規雇用者給与等支給額又は控除対象雇用者給与等支給増加額は、確定申告書等に添付された書類に記載された控除対象新規雇用者給与等支給額又は控除対象雇用者給与等支給増加額を限度とする。

6　前三項に定めるもののほか、第1項又は第2項の規定の適用を受けようとする法人が合併法人、分割法人若しくは分割承継法人、現物出資法人若しくは被現物出資法人又は現物分配法人若しくは被現物分配法人である場合における新規雇用者比較給与等支給額又は比較雇用者給与等支給額の計算、新規雇用者比較給与等支給額又は比較雇用者給与等支給額がゼロであ

309

る場合におけるこれらの規定に規定する要件を満たすかどうかの判定その
他これらの規定の適用に関し必要な事項は、政令（措令27の12の5 ⑦〜⑫、
⑭〜⑯、⑳〜㉕）で定める。

7 　第42条の4第12項及び第13項の規定は、第1項又は第2項の規定の適用
がある場合について準用する。この場合において、同条第12項中「第1項、
第4項及び第7項」とあるのは、「第42条の12の5第1項及び第2項」と
読み替えるものとする。

（法人税の額から控除される特別控除額の特例）

第42条の13

6 　法人（第42条の4第8項第7号に規定する中小企業者（同項第8号に規
定する適用除外事業者に該当するものを除く。）又は同項第9号に規定す
る農業協同組合等を除く。第1号及び第2号において同じ。）が、平成30
年4月1日から令和6年3月31日までの間に開始する各事業年度（以下こ
の項及び第8項において「対象年度」という。）において第1項第1号、
第3号、第8号、第15号又は第16号に掲げる規定（以下この項及び第八項
において「特定税額控除規定」という。）の適用を受けようとする場合に
おいて、当該対象年度において次に掲げる要件のいずれにも該当しないと
き（当該対象年度（第42条の12の5第3項第1号に規定する設立事業年度
及び合併等事業年度のいずれにも該当しない事業年度に限る。以下この項
において「特定対象年度」という。）の所得の金額が当該特定対象年度の
前事業年度の所得の金額以下である場合として政令（措令27の13⑧〜⑪）
で定める場合を除く。）は、当該特定税額控除規定は、適用しない。

一　イに掲げる金額がロに掲げる金額を超えること。

　　イ　当該法人の継続雇用者（当該対象年度及び当該対象年度開始の日の
　　　前日を含む事業年度（当該前日を含む事業年度が連結事業年度に該当

する場合には、当該前日を含む連結事業年度。ロにおいて「前事業年度等」という。）の期間内の各月において当該法人の第42条の12の5第3項第3号に規定する給与等（以下この号において「給与等」という。）の支給を受けた同項第9号に規定する国内雇用者として政令（措令27の13③、⑨）で定めるものをいう。ロにおいて同じ。）に対する当該対象年度の給与等の支給額（その給与等に充てるため他の者（当該法人との間に連結完全支配関係がある他の連結法人及び当該法人が外国法人である場合の法人税法第138条第1項第1号に規定する本店等を含む。）から支払を受ける金額（国又は地方公共団体から受ける雇用保険法第62条第1項第1号に掲げる事業として支給が行われる助成金その他これに類するものの額を除く。イにおいて「他の者からの受取額」という。）がある場合には、当該他の者からの受取額を控除した金額。ロにおいて同じ。）として政令（措令27の13④）で定める金額

ロ　当該法人の継続雇用者に対する前事業年度等の給与等の支給額として政令（措令27の13⑤、⑨）で定める金額

二　イに掲げる金額がロに掲げる金額の100分の30に相当する金額を超えること。

イ　当該法人が当該対象年度において取得等（取得又は製作若しくは建設をいい、合併、分割、贈与、交換、現物出資又は法人税法第2条第12号の5の2に規定する現物分配による取得その他政令（措令27の13⑥）で定める取得を除く。）をした国内資産（国内にある当該法人の事業の用に供する機械及び装置その他の資産で政令（措令27の13⑦）で定めるものをいう。）で当該対象年度終了の日において有するものの取得価額の合計額

311

ロ　当該法人がその有する減価償却資産につき当該対象年度においてその償却費として損金経理をした金額（損金経理の方法又は当該対象年度の決算の確定の日までに剰余金の処分により積立金として積み立てる方法により特別償却準備金として積み立てた金額を含み、法人税法第31条第4項の規定により同条第一項に規定する損金経理額に含むものとされる金額を除く。）の合計額

2 政令

(給与等の支給額が増加した場合の法人税額の特別控除)
第27条の12の5
1　法第42条の12の5第1項に規定する政令で定めるところにより計算した金額は、同項の法人の同項の規定の適用を受けようとする事業年度(以下この項において「適用年度」という。)に係る同条第3項第4号イに規定する雇用者給与等支給額を当該適用年度終了の日における法第42条の12第5項第3号に規定する雇用者の数で除して計算した金額に次に掲げる数を合計した数(当該合計した数が地方事業所基準雇用者数(同条第1項第2号イに規定する地方事業所基準雇用者数をいう。以下この項において同じ。)を超える場合には、当該地方事業所基準雇用者数)を乗じて計算した金額の100分の20に相当する金額とする。

一　当該法人が当該適用年度において法第42条の12第1項の規定の適用を受ける場合における当該適用年度の特定新規雇用者基礎数(同項第2号イに規定する特定新規雇用者基礎数をいう。次号において同じ。)

二　当該法人が当該適用年度において法第42条の12第2項の規定の適用を受ける場合における当該適用年度の同条第1項第2号ロに規定する基準雇用者数として政令(措令27の12④)で定めるところにより証明がされた数のうち同号ロに規定する総数として政令(措令27の12⑤)で定めるところにより証明がされた数に達するまでの数から同項の規定の適用を受ける場合における当該適用年度の特定新規雇用者基礎数のうち同号イに規定する移転型特定新規雇用者数に達するまでの数を控除した数

2　前項の規定は、法第42条の12の5第2項に規定する政令で定めるところにより計算した金額について準用する。この場合において、前項中「同項の法人」とあるのは「同条第2項に規定する中小企業者等」と、同項第1

号中「当該法人」とあるのは「当該中小企業者等」と、「同じ。)」とある
のは「同じ。」と当該適用年度の地方事業所基準雇用者数から当該適用年
度の同条第5項第9号に規定する新規雇用者総数を控除した数とを合計し
た数」と、同項第2号中「当該法人」とあるのは「当該中小企業者等」と、
「のうち同号ロに規定する総数として政令（措令27の12⑤）で定めるとこ
ろにより証明がされた数に達するまでの数から」とあるのは「から」と、「数
を」とあるのは「数と地方事業所基準雇用者数から同条第5項第9号に規
定する新規雇用者総数を控除した数のうち同条第1項第2号ロに規定する
移転型非新規基準雇用者数に達するまでの数とを合計した数を」と読み替
えるものとする。

3　法第42条の12の5第3項第2号に規定する政令で定めるものは、当該法
人の国内雇用者（同項第9号に規定する国内雇用者をいう。以下この条に
おいて同じ。）のうち国内に所在する事業所につき作成された労働者名簿
（労働基準法第107条第1項に規定する労働者名簿をいう。第1号において
同じ。）に当該国内雇用者の氏名が記載された日として財務省令（措規20
の10②）で定める日（次項において「雇用開始日」という。）から1年を
経過していないもの（次に掲げる者を除く。）とする。

一　当該法人の国内雇用者（その国内に所在する事業所につき作成された
労働者名簿に氏名が記載された者に限る。以下この項及び次項において
同じ。）となる直前に当該法人の役員（法第42条の12の5第3項第9号
に規定する役員をいう。以下この条において同じ。）又は使用人（当該
法人の役員と同号に規定する政令（措令27の12の5⑰）で定める特殊の
関係のある者及び当該法人の国外に所在する事業所の使用人に限る。）
であった者

二　当該法人の国内雇用者となる直前に当該法人との間に法人税法第2条
第12号の7の5に規定する支配関係（以下この号及び次号において「支

配関係」という。）がある法人（以下この号において「支配関係法人」
という。）の役員若しくは使用人（当該支配関係法人の国内雇用者、当
該支配関係法人の役員と法第42条の12の5第3項第9号に規定する政令
（措令27の12の5⑰）で定める特殊の関係のある者及び当該支配関係法
人の国外に所在する事業所の使用人に限る。）又は当該法人との間に支
配関係がある個人若しくはその使用人（当該個人の国内に所在する事業
所に勤務する雇用者として財務省令（措規20の10③）で定める者及び当
該個人の国外に所在する事業所の使用人に限る。）であった者（次に掲
げる者を除く。）

イ　当該法人を合併法人、分割承継法人、被現物出資法人又は被現物分
　　配法人（次号及び次項において「合併法人等」という。）とする合併
　　等（合併、分割、現物出資又は法人税法第2条第12号の5の2に規定
　　する現物分配（以下この条において「現物分配」という。）をいう。
　　以下この項及び次項において同じ。）の直後の当該法人の国内雇用者
　　で当該合併等の直前において当該合併等に係る被合併法人、分割法人、
　　現物出資法人又は現物分配法人（次号及び次項において「被合併法人
　　等」という。）の国内雇用者であった者

ロ　当該法人の国内雇用者となる直前に当該法人との間に連結完全支配
　　関係がある他の連結法人の国内雇用者であった者

三　当該法人を合併法人等とする合併等（当該法人との間に支配関係がな
　　い法人を被合併法人等とするものに限る。）の直後の当該法人の国内雇
　　用者で当該合併等の直前において当該合併等に係る被合併法人等の役員
　　又は使用人（当該被合併法人等の役員と法第42条の12の5第3項第9号
　　に規定する政令（措令27の12の5⑰）で定める特殊の関係のある者及び
　　当該被合併法人等の国外に所在する事業所の使用人に限る。）であった
　　者

4　合併等が行われた場合における当該合併等の直後の当該合併等に係る合併法人等の国内雇用者（当該合併等の直前において当該合併等に係る被合併法人等の国内雇用者であった者に限る。）については当該被合併法人等における雇用開始日を当該合併法人等における雇用開始日と、法人の国内雇用者となる直前に当該法人との間に連結完全支配関係がある他の連結法人の国内雇用者であった者については当該他の連結法人における雇用開始日を当該法人における雇用開始日と、それぞれみなして、前項及びこの項の規定を適用する。

5　法第42条の12の5第3項第6号イに規定する政令で定めるところにより計算した金額は、次の各号に掲げる場合の区分に応じ当該各号に定める金額とする。

一　法第42条の12の5第3項第6号イの連結事業年度の月数が同号イの適用年度の月数を超える場合　当該連結事業年度に係る給与等支給額（その連結所得の金額の計算上損金の額に算入される国内新規雇用者（同項第5号に規定する国内新規雇用者をいう。以下この条において同じ。）に対する給与等（同項第3号に規定する給与等をいう。以下この条において同じ。）の支給額（同項第5号に規定する支給額をいう。以下この条において同じ。）をいう。次号イ及びロにおいて同じ。）に当該適用年度の月数を乗じてこれを当該連結事業年度の月数で除して計算した金額

二　法第42条の12の5第3項第6号イの連結事業年度の月数が同号イの適用年度の月数に満たない場合　次に掲げる場合の区分に応じそれぞれ次に定める金額

イ　当該連結事業年度が6月に満たない場合　当該適用年度開始の日前1年（当該適用年度が1年に満たない場合には、当該適用年度の期間。

イにおいて同じ。）以内に終了した各連結事業年度（当該開始の日前
１年以内に終了した事業年度が連結事業年度に該当しない場合には、
当該事業年度。イにおいて「連結事業年度等」という。）に係る給与
等支給額（当該事業年度にあっては、当該事業年度の所得の金額の計
算上損金の額に算入される国内新規雇用者に対する給与等の支給額）
の合計額に当該適用年度の月数を乗じてこれを当該連結事業年度等の
月数の合計数で除して計算した金額

　ロ　当該連結事業年度が６月以上である場合　当該連結事業年度に係る
給与等支給額に当該適用年度の月数を乗じてこれを当該連結事業年度
の月数で除して計算した金額

6　法第42条の12の５第３項第６号ロに規定する政令で定めるところにより
計算した金額は、次の各号に掲げる場合の区分に応じ当該各号に定める金
額とする。

一　法第42条の12の５第３項第６号ロの前事業年度の月数が同号ロの適用
年度の月数を超える場合　当該前事業年度に係る給与等支給額（その所
得の金額の計算上損金の額に算入される国内新規雇用者に対する給与等
の支給額をいう。次号イ及びロにおいて同じ。）に当該適用年度の月数
を乗じてこれを当該前事業年度の月数で除して計算した金額

二　法第42条の12の５第３項第６号ロの前事業年度の月数が同号ロの適用
年度の月数に満たない場合　次に掲げる場合の区分に応じそれぞれ次に
定める金額

　イ　当該前事業年度が６月に満たない場合　当該適用年度開始の日前１
年（当該適用年度が１年に満たない場合には、当該適用年度の期間。
イにおいて同じ。）以内に終了した各事業年度（その事業年度が連結

事業年度に該当する場合には、当該開始の日前1年以内に終了した連結事業年度。イにおいて「前1年事業年度等」という。）に係る給与等支給額（当該連結事業年度にあっては、当該連結事業年度の連結所得の金額の計算上損金の額に算入される国内新規雇用者に対する給与等の支給額）の合計額に当該適用年度の月数を乗じてこれを当該前1年事業年度等の月数の合計数で除して計算した金額

ロ　当該前事業年度が6月以上である場合　当該前事業年度に係る給与等支給額に当該適用年度の月数を乗じてこれを当該前事業年度の月数で除して計算した金額

7　法第42条の12の5第1項の規定の適用を受けようとする法人が次の各号に掲げる合併法人に該当する場合のその適用を受けようとする事業年度（以下第12項までにおいて「適用年度」という。）の当該法人の同条第3項第6号に規定する新規雇用者比較給与等支給額（第九項において「新規雇用者比較給与等支給額」という。）の計算における同号の給与等の支給額（当該適用年度の月数と当該適用年度開始の日の前日を含む事業年度（当該前日を含む事業年度が連結事業年度に該当する場合には、当該前日を含む連結事業年度。第9項において「前事業年度等」という。）の月数とが異なる場合には、第5項第1号若しくは第2号イ若しくはロ又は前項第1号若しくは第2号イ若しくはロの給与等支給額）については、当該法人の当該各号に規定する調整対象年度に係る給与等支給額（法人の事業年度の所得の金額の計算上損金の額に算入される国内新規雇用者に対する給与等の支給額（当該法人の事業年度が連結事業年度に該当する場合には、当該法人の連結事業年度の連結所得の金額の計算上損金の額に算入される国内新規雇用者に対する給与等の支給額）をいう。以下この項及び次項において同じ。）は、当該各号に定めるところによる。

一　適用年度において行われた合併に係る合併法人　当該合併法人の基準

日から当該適用年度開始の日の前日までの期間内の日を含む各事業年度（その事業年度が連結事業年度に該当する場合には当該期間内の日を含む連結事業年度とし、当該合併法人が当該適用年度開始の日においてその設立の日（法第42条の12の5第3項第1号に規定する設立の日をいう。以下この条において同じ。）の翌日以後1年（当該適用年度が1年に満たない場合には、当該適用年度の期間）を経過していない法人（次号及び第9項第2号において「未経過法人」という。）に該当する場合には基準日から当該合併法人の設立の日の前日までの期間を当該合併法人の事業年度とみなした場合における当該事業年度を含む。以下この号において「調整対象年度」という。）については、当該各調整対象年度ごとに当該合併法人の当該各調整対象年度に係る給与等支給額に当該各調整対象年度に含まれる月の当該合併に係る被合併法人の月別給与等支給額を合計した金額に当該合併の日から当該適用年度終了の日までの期間の月数を乗じてこれを当該適用年度の月数で除して計算した金額を加算する。

二　基準日から適用年度開始の日の前日までの期間内において行われた合併に係る合併法人　当該合併法人の基準日から当該合併の日の前日までの期間内の日を含む各事業年度（その事業年度が連結事業年度に該当する場合には当該期間内の日を含む連結事業年度とし、当該合併法人が未経過法人に該当する場合には基準日から当該合併法人の設立の日の前日までの期間を当該合併法人の事業年度とみなした場合における当該事業年度を含む。以下この号において「調整対象年度」という。）については、当該各調整対象年度ごとに当該合併法人の当該各調整対象年度に係る給与等支給額に当該各調整対象年度に含まれる月の当該合併に係る被合併法人の月別給与等支給額を合計した金額を加算する。

8　前項に規定する月別給与等支給額とは、その合併に係る被合併法人の各事業年度（当該被合併法人の事業年度が連結事業年度に該当する場合には、

当該被合併法人の連結事業年度。以下この項において「事業年度等」という。）に係る給与等支給額をそれぞれ当該各事業年度等の月数で除して計算した金額を当該各事業年度等に含まれる月に係るものとみなしたものをいう。

9　法第42条の12の5第1項の規定の適用を受けようとする法人が分割法人等（分割法人、現物出資法人又は現物分配法人をいう。以下この条において同じ。）又は分割承継法人等（分割承継法人、被現物出資法人又は被現物分配法人をいう。以下この条において同じ。）に該当する場合（分割法人等にあっては第1号イ又はロに掲げる法人に該当する場合に、分割承継法人等にあっては第2号イ又はロに掲げる法人に該当する場合に、それぞれ限る。）の適用年度の当該法人の新規雇用者比較給与等支給額の計算における法第42条の12の5第3項第6号の給与等の支給額（当該適用年度の月数と前事業年度等の月数とが異なる場合には、第5項第1号若しくは第2号イ若しくはロ又は第6項第1号若しくは第2号イ若しくはロの給与等支給額）については、当該法人の次の各号に規定する調整対象年度に係る給与等支給額（法人の事業年度の所得の金額の計算上損金の額に算入される国内新規雇用者に対する給与等の支給額（当該法人の事業年度が連結事業年度に該当する場合には、当該法人の連結事業年度の連結所得の金額の計算上損金の額に算入される国内新規雇用者に対する給与等の支給額）をいう。以下第12項までにおいて同じ。）は、当該各号に掲げる法人の区分に応じ当該各号に定めるところによる。

一　分割法人等　当該分割法人等のイ及びロに規定する各調整対象年度ごとに当該分割法人等の当該各調整対象年度に係る給与等支給額から次に掲げる分割法人等の区分に応じそれぞれ次に定める金額を控除する。

　　イ　適用年度において行われた分割等（分割、現物出資又は現物分配をいう。以下この条において同じ。）に係る分割法人等　当該分割法人

等の基準日から当該適用年度開始の日の前日までの期間内の日を含む各事業年度（その事業年度が連結事業年度に該当する場合には、当該期間内の日を含む連結事業年度。イにおいて「調整対象年度」という。）については、当該分割法人等の当該各調整対象年度に係る移転給与等支給額に当該分割等の日から当該適用年度終了の日までの期間の月数を乗じてこれを当該適用年度の月数で除して計算した金額

ロ　基準日から適用年度開始の日の前日までの期間内において行われた分割等に係る分割法人等　当該分割法人等の基準日から当該分割等の日の前日までの期間内の日を含む各事業年度（その事業年度が連結事業年度に該当する場合には、当該期間内の日を含む連結事業年度。ロにおいて「調整対象年度」という。）については、当該分割法人等の当該各調整対象年度に係る移転給与等支給額

二　分割承継法人等　当該分割承継法人等のイ及びロに規定する各調整対象年度ごとに当該分割承継法人等の当該各調整対象年度に係る給与等支給額に次に掲げる分割承継法人等の区分に応じそれぞれ次に定める金額を加算する。

イ　適用年度において行われた分割等（残余財産の全部の分配に該当する現物分配にあっては、当該適用年度開始の日の前日から当該適用年度終了の日の前日までの期間内においてその残余財産が確定したもの）に係る分割承継法人等　当該分割承継法人等の基準日から当該適用年度開始の日の前日までの期間内の日を含む各事業年度（その事業年度が連結事業年度に該当する場合には当該期間内の日を含む連結事業年度とし、当該分割承継法人等が未経過法人に該当する場合には基準日から当該分割承継法人等の設立の日の前日までの期間を当該分割承継法人等の事業年度とみなした場合における当該事業年度を含む。イにおいて「調整対象年度」という。）については、当該分割承継法

人等の当該各調整対象年度ごとに当該各調整対象年度に含まれる月の当該分割等に係る分割法人等の月別移転給与等支給額を合計した金額に当該分割等の日(残余財産の全部の分配に該当する現物分配にあっては、その残余財産の確定の日の翌日)から当該適用年度終了の日までの期間の月数を乗じてこれを当該適用年度の月数で除して計算した金額

ロ　基準日から適用年度開始の日の前日までの期間内において行われた分割等(残余財産の全部の分配に該当する現物分配にあっては、基準日の前日から当該適用年度開始の日の前日を含む事業年度(当該前日を含む事業年度が連結事業年度に該当する場合には、当該前日を含む連結事業年度)終了の日の前日までの期間内においてその残余財産が確定したもの)に係る分割承継法人等　当該分割承継法人等の基準日から当該分割等の日の前日(残余財産の全部の分配に該当する現物分配にあっては、その残余財産の確定の日)までの期間内の日を含む各事業年度(その事業年度が連結事業年度に該当する場合には当該期間内の日を含む連結事業年度とし、当該分割承継法人等が未経過法人に該当する場合には基準日から当該分割承継法人等の設立の日の前日までの期間を当該分割承継法人等の事業年度とみなした場合における当該事業年度を含む。ロにおいて「調整対象年度」という。)については、当該分割承継法人等の当該各調整対象年度ごとに当該各調整対象年度に含まれる月の当該分割等に係る分割法人等の月別移転給与等支給額を合計した金額

10　前項第2号に規定する月別移転給与等支給額とは、その分割等に係る分割法人等の当該分割等の日(残余財産の全部の分配に該当する現物分配にあっては、その残余財産の確定の日の翌日。以下この項及び次項において同じ。)前に開始した各事業年度(当該分割法人等の事業年度が連結事業年度に該当する場合には、当該分割法人等の連結事業年度。以下この項及

び次項において「事業年度等」という。）に係る移転給与等支給額をそれぞれ当該各事業年度等の月数（分割等の日を含む事業年度等（以下この項及び次項において「分割事業年度等」という。）にあっては、当該分割事業年度等の開始の日から当該分割等の日の前日までの期間の月数）で除して計算した金額を当該各事業年度等に含まれる月（分割事業年度等にあっては、当該分割事業年度等の開始の日から当該分割等の日の前日までの期間に含まれる月）に係るものとみなしたものをいう。

11　前二項に規定する移転給与等支給額とは、その分割等に係る分割法人等の当該分割等の日前に開始した各事業年度等に係る給与等支給額（分割事業年度等にあっては、当該分割等の日の前日を当該分割事業年度等の終了の日とした場合に損金の額に算入される給与等支給額）に当該分割等の直後の当該分割等に係る分割承継法人等の国内新規雇用者（当該分割等の直前において当該分割法人等の国内新規雇用者であった者に限る。）の数を乗じてこれを当該分割等の直前の当該分割法人等の国内新規雇用者の数で除して計算した金額をいう。

12　第7項及び第9項に規定する基準日とは、次の各号に掲げる場合の区分に応じ当該各号に定める日をいう。

一　適用年度開始の日の前日を含む事業年度（当該前日を含む事業年度が連結事業年度に該当する場合には、当該前日を含む連結事業年度。以下この号及び次号において「前事業年度等」という。）の月数が当該適用年度の月数に満たない場合で、かつ、当該前事業年度等が六月に満たない場合　次に掲げる日のうちいずれか早い日

イ　法第42条の12の5第1項の規定の適用を受けようとする法人が当該適用年度開始の日においてその設立の日の翌日以後1年（当該適用年度が1年に満たない場合には、当該適用年度の期間。イ及びロにおい

て同じ。）を経過していない場合であり、かつ、当該法人が当該設立の日から当該適用年度開始の日の前日までの期間内に行われた合併又は分割等（残余財産の全部の分配に該当する現物分配にあっては当該設立の日から当該前事業年度等の終了の日の前日までの期間内においてその残余財産が確定したものとし、その分割等に係る前項に規定する移転給与等支給額がゼロである場合における当該分割等を除く。イにおいて同じ。）に係る合併法人又は分割承継法人等である場合（当該設立の日から当該合併又は分割等の日の前日（残余財産の全部の分配に該当する現物分配にあっては、その残余財産の確定の日。第15項第1号において同じ。）までの期間に係る給与等支給額がゼロである場合に限る。）における当該合併又は分割等に係る被合併法人又は分割法人等の当該適用年度開始の日前1年以内の日を含む各事業年度（その事業年度が連結事業年度に該当する場合には当該開始の日前1年以内の日を含む連結事業年度とし、当該被合併法人又は分割法人等の設立の日以後に終了した事業年度又は連結事業年度に限る。）のうち最も古い事業年度又は連結事業年度開始の日

ロ　当該適用年度開始の日前1年以内に終了した各事業年度（その事業年度が連結事業年度に該当する場合には当該開始の日前1年以内に終了した連結事業年度とし、設立の日以後に終了した事業年度又は連結事業年度に限る。）のうち最も古い事業年度又は連結事業年度開始の日

二　前号に掲げる場合以外の場合　前事業年度等の開始の日

13　法第42条の12の5第3項第7号に規定する政令で定める費用は、次の各号に掲げる場合の区分に応じ当該各号に定める費用とする。

一　法人がその国内雇用者に対して教育、訓練、研修、講習その他これら

に類するもの（以下第3号までにおいて「教育訓練等」という。）を自ら行う場合　次に掲げる費用

　　イ　当該教育訓練等のために講師又は指導者（当該法人の役員又は使用人である者を除く。）に対して支払う報酬その他の財務省令（措規20の10④）で定める費用

　　ロ　当該教育訓練等のために施設、設備その他の資産を賃借する場合におけるその賃借に要する費用その他これに類する財務省令（措規20の10⑤）で定める費用

　二　法人から委託を受けた他の者（当該法人との間に連結完全支配関係がある他の連結法人及び当該法人が外国法人である場合の法人税法第138条第1項第1号に規定する本店等を含む。以下この号及び次号において同じ。）が教育訓練等を行う場合　当該教育訓練等のために当該他の者に対して支払う費用

　三　法人がその国内雇用者を他の者が行う教育訓練等に参加させる場合　当該他の者に対して支払う授業料その他の財務省令で定める費用

14　法人が、法第42条の12の5第1項第2号又は第2項第2号イに掲げる要件を満たすものとして同条第1項又は第2項の規定の適用を受ける場合には、これらの規定の適用を受ける事業年度の確定申告書等に前項各号に定める費用の明細を記載した書類として財務省令で定める書類を添付しなければならない。

15　法第42条の12の5第1項又は第2項の規定の適用を受けようとする法人（以下この項及び次項において「適用法人」という。）が教育訓練費基準日（次に掲げる日のうちいずれか早い日をいう。以下この項及び次項において同

325

じ。）から同条第１項又は第２項の規定の適用を受けようとする事業年度
（以下この項及び次項において「適用年度」という。）終了の日までの期間
内において行われた合併に係る合併法人に該当する場合の当該適用法人の
当該適用年度における比較教育訓練費の額（同条第３項第８号に規定する
比較教育訓練費の額をいう。次項において同じ。）の計算における教育訓
練費の額（法人の事業年度の所得の金額の計算上損金の額に算入される同
条第１項第２号に規定する教育訓練費の額（当該法人の事業年度が連結事
業年度に該当する場合には、当該法人の連結事業年度の連結所得の金額の
計算上損金の額に算入される法第68条の15の６第１項第２号に規定する教
育訓練費の額）をいう。以下この条において同じ。）については、適用年
度を第７項の適用年度と、教育訓練費基準日を同項各号の基準日と、教育
訓練費未経過法人（当該適用年度開始の日においてその設立の日の翌日以
後１年を経過していない法人をいう。第１号及び次項において同じ。）を
第７項各号の未経過法人と、教育訓練費の額を同項の給与等支給額と、そ
れぞれみなした場合における同項各号に掲げる法人の区分に応じ当該各号
に定めるところによる。

一　当該適用法人が教育訓練費未経過法人に該当し、かつ、当該適用法人
　がその設立の日から当該適用年度開始の日の前日までの期間内に行われ
　た合併又は分割等（残余財産の全部の分配に該当する現物分配にあって
　は当該設立の日から当該適用年度開始の日の前日を含む事業年度（当該
　前日を含む事業年度が連結事業年度に該当する場合には、当該前日を含
　む連結事業年度）終了の日の前日までの期間内においてその残余財産が
　確定したものとし、その分割等に係る第11項に規定する移転給与等支給
　額（法第42条の12の５第２項の規定の適用を受けようとする場合には、
　第20項において準用する第11項に規定する移転給与等支給額）がゼロで
　ある場合における当該分割等を除く。以下この号において同じ。）に係
　る合併法人又は分割承継法人等に該当する場合（当該設立の日から当該
　合併又は分割等の日の前日までの期間に係る第９項に規定する給与等支

給額（同条第2項の規定の適用を受けようとする場合には、第20項にお
いて準用する第9項に規定する給与等支給額）がゼロである場合に限
る。）における当該合併又は分割等に係る被合併法人又は分割法人等の
当該適用年度開始の日前1年以内に開始した各事業年度（その事業年度
が連結事業年度に該当する場合には、当該開始の日前1年以内に開始し
た連結事業年度。次号において「事業年度等」という。）のうち最も古
い事業年度又は連結事業年度開始の日

二　当該適用年度開始の日前1年以内に開始した各事業年度等のうち最も
古い事業年度又は連結事業年度開始の日

16　適用法人が教育訓練費基準日から適用年度終了の日までの期間内におい
て行われた分割等に係る分割法人等又は適用年度において行われた分割等
（残余財産の全部の分配に該当する現物分配にあっては、当該適用年度開
始の日の前日から当該適用年度終了の日の前日までの期間内においてその
残余財産が確定したもの）に係る分割承継法人等若しくは教育訓練費基準
日から適用年度開始の日の前日までの期間内において行われた分割等（残
余財産の全部の分配に該当する現物分配にあっては、教育訓練費基準日の
前日から当該適用年度開始の日の前日を含む事業年度（当該前日を含む事
業年度が連結事業年度に該当する場合には、当該前日を含む連結事業年度）
終了の日の前日までの期間内においてその残余財産が確定したもの）に係
る分割承継法人等に該当する場合の当該適用法人の当該適用年度における
比較教育訓練費の額の計算における教育訓練費の額については、適用年度
を第9項の適用年度と、教育訓練費基準日を同項各号の基準日と、教育訓
練費未経過法人を同項第2号の未経過法人と、教育訓練費の額を同項の給
与等支給額と、それぞれみなした場合における同項各号に掲げる法人の区
分に応じ当該各号に定めるところによる。

17　法第42条の12の5第3項第9号に規定する政令で定める特殊の関係のあ

る者は、次に掲げる者とする。

一　役員の親族
二　役員と婚姻の届出をしていないが事実上婚姻関係と同様の事情にある
　　者
三　前二号に掲げる者以外の者で役員から生計の支援を受けているもの
四　前二号に掲げる者と生計を一にするこれらの者の親族

18　法第42条の12の5第3項第9号に規定する政令で定めるものは、当該法
　　人の国内に所在する事業所につき作成された労働基準法第108条に規定す
　　る賃金台帳に記載された者とする。

19　第5項の規定は法第42条の12の5第3項第11号イに規定する政令で定め
　　るところにより計算した金額について、第6項の規定は同号ロに規定する
　　政令で定めるところにより計算した金額について、それぞれ準用する。こ
　　の場合において、第5項第1号中「国内新規雇用者（同項第5号に規定す
　　る国内新規雇用者をいう。以下この条において同じ。）」とあり、並びに同
　　項第2号イ並びに第6項第1号及び第2号イ中「国内新規雇用者」とある
　　のは、「国内雇用者」と読み替えるものとする。

20　第7項から第12項までの規定は、法第42条の12の5第1項又は第2項の
　　規定の適用を受けようとする法人の同条第3項第11号に規定する比較雇用
　　者給与等支給額の計算について準用する。この場合において、第7項中「同
　　号」とあるのは「同条第3項第11号」と、「第5項第1号」とあるのは「第
　　19項において準用する第5項第1号」と、「国内新規雇用者」とあるのは「国
　　内雇用者」と、第九項中「第42条の12の5第3項第6号」とあるのは「第
　　42条の12の5第3項第11号」と、「第5項第1号」とあるのは「第19項に
　　おいて準用する第5項第1号」と、「国内新規雇用者」とあるのは「国内
　　雇用者」と、第11項中「国内新規雇用者」とあるのは「国内雇用者」と読

328　第13章　関連法規・通達集

み替えるものとする。

21　法第42条の12の5第1項又は第2項の規定の適用を受けようとする法人が次の各号に掲げる場合に該当する場合において、当該各号に定める金額の計算の基礎となる給与等に充てるための同条第3項第4号イに規定する雇用安定助成金額があるときは、同号ロに掲げる金額は、当該各号に定める金額から当該雇用安定助成金額を控除して計算した同項第十11号に規定する比較雇用者給与等支給額とする。

　一　法第42条の12の5第3項第11号イの連結事業年度の月数と同号イの適用年度の月数とが異なる場合又は同号ロに掲げる場合　第19項において準用する第5項第1号若しくは第2号イ若しくはロ又は第6項第1号若しくは第2号イ若しくはロの給与等支給額

　二　前項において準用する第7項又は第9項の規定の適用を受ける場合　前項において準用する第7項から第9項まで、第11項又は第12項第1号イの給与等支給額

22　法第42条の12の5第1項の規定の適用を受けようとする法人のその適用を受けようとする事業年度に係る同条第3項第6号に規定する新規雇用者比較給与等支給額がゼロである場合には、同条第1項第1号に掲げる要件を満たさないものとする。

23　法第42条の12の5第2項の規定の適用を受けようとする同項に規定する中小企業者等のその適用を受けようとする事業年度に係る同条第3項第11号に規定する比較雇用者給与等支給額がゼロである場合には、同条第2項に規定する雇用者給与等支給額からその比較雇用者給与等支給額を控除した金額の当該比較雇用者給与等支給額に対する割合が100分の1.5以上であるときに該当しないものとする。

24　法第42条の12の5第1項又は第2項の規定の適用を受けようとする法人のその適用を受けようとする事業年度に係る同条第3項第8号に規定する比較教育訓練費の額がゼロである場合における同条第1項又は第2項の規定の適用については、次の各号に掲げる場合の区分に応じ当該各号に定めるところによる。

一　当該事業年度に係る教育訓練費の額がゼロである場合　法第42条の12の5第1項第2号及び第2項第2号イに掲げる要件を満たさないものとする。

二　前号に掲げる場合以外の場合　法第42条の12の5第1項第2号及び第2項第2号イに掲げる要件を満たすものとする。

25　第5項から第10項まで、第12項及び第21項の月数は、暦に従って計算し、1月に満たない端数を生じたときは、これを1月とする。

（法人税の額から控除される特別控除額の特例）

第27条の13

3　法第42条の13第6項第1号イに規定する政令で定めるものは、同項に規定する法人の同号イに規定する国内雇用者（雇用保険法第60条の2第1項第1号に規定する一般被保険者に該当する者に限るものとし、高年齢者等の雇用の安定等に関する法律第9条第1項第2号に規定する継続雇用制度の対象である者として財務省令で定める者を除く。以下この項及び第5項第1号において「国内雇用者」という。）のうち次の各号に掲げる場合の区分に応じ当該各号に定めるものとする。

一　対象年度（法第42条の13第6項に規定する対象年度をいう。以下この号及び次号において同じ。）の月数と当該対象年度開始の日の前日を含

む事業年度（当該前日を含む事業年度が連結事業年度に該当する場合に
は当該前日を含む連結事業年度とし、当該前日を含む事業年度が設立の
日（法第42条の12の5第3項第1号に規定する設立の日をいう。以下こ
の号及び次号イにおいて同じ。）を含む事業年度に該当する場合には当
該設立の日から当該事業年度終了の日までの期間とする。以下この号及
び次号において「前事業年度等」という。）の月数とが同じ場合　当該
法人の国内雇用者として当該対象年度及び当該前事業年度等の期間内の
各月分の当該法人の給与等（法第42条の13第6項第1号イに規定する給
与等をいう。次号及び第5項第1号において同じ。）の支給を受けた者

二　対象年度の月数と前事業年度等の月数とが異なる場合　次に掲げる場
　合の区分に応じそれぞれ次に定めるもの

　イ　前事業年度等の月数が対象年度の月数に満たない場合　当該法人の
　　国内雇用者として当該対象年度の期間及び当該対象年度開始の日前1
　　年（当該対象年度が1年に満たない場合には、当該対象年度の期間。
　　イにおいて同じ。）以内に終了した各事業年度（その事業年度が連結
　　事業年度に該当する場合には当該開始の日前1年以内に終了した連結
　　事業年度とし、設立の日以後に終了した事業年度又は連結事業年度に
　　限る。イにおいて「前1年事業年度等」という。）の期間（当該開始
　　の日から起算して1年前の日又は設立の日を含む前1年事業年度等に
　　あっては、当該1年前の日又は当該設立の日のいずれか遅い日から当
　　該前1年事業年度等の終了の日までの期間。第5項第2号において「前
　　1年事業年度等特定期間」という。）内の各月分の当該法人の給与等
　　の支給を受けた者

　ロ　前事業年度等の月数が対象年度の月数を超える場合　当該法人の国
　　内雇用者として当該対象年度の期間及び前事業年度等特定期間（当該
　　前事業年度等の期間のうち当該対象年度の期間に相当する期間で当該

前事業年度等の終了の日に終了する期間をいう。）内の各月分の当該
法人の給与等の支給を受けた者

4　法第42条の13第6項第1号イに規定する政令で定める金額は、法第42条
の12の5第3項第10号に規定する雇用者給与等支給額のうち法第42条の13
第6項第1号イに規定する継続雇用者（次項各号において「継続雇用者」
という。）に係る金額とする。

5　法第42条の13第6項第1号ロに規定する政令で定める金額は、次の各号
に掲げる場合の区分に応じ当該各号に定める金額とする。

一　第3項第1号に掲げる場合　法第42条の13第6項に規定する法人の同
　　号に規定する前事業年度等に係る給与等支給額（当該法人の事業年度の
　　所得の金額の計算上損金の額に算入される国内雇用者に対する給与等の
　　同項第1号イに規定する支給額（当該法人の事業年度が連結事業年度に
　　該当する場合には、当該法人の連結事業年度の連結所得の金額の計算上
　　損金の額に算入される国内雇用者に対する給与等の同号イに規定する支
　　給額）をいう。次号及び第3号において同じ。）のうち継続雇用者に係
　　る金額

二　第3項第2号イに掲げる場合　法第42条の13第6項に規定する法人の
　　同号イに規定する前1年事業年度等に係る給与等支給額のうち継続雇用
　　者に係る金額（当該前1年事業年度等の前1年事業年度等特定期間に対
　　応する金額に限る。）の合計額に同号イの対象年度の月数を乗じてこれ
　　を前1年事業年度等特定期間の月数の合計数で除して計算した金額

三　第3項第2号ロに掲げる場合　法第42条の13第6項に規定する法人の
　　同号ロの前事業年度等に係る給与等支給額のうち継続雇用者に係る金額
　　（当該前事業年度等の同号ロに規定する前事業年度等特定期間に対応す

る金額に限る。)

6　法第42条の13第6項第2号イに規定する政令で定める取得は、代物弁済
としての取得とする。

7　法第42条の13第6項第2号イに規定する政令で定めるものは、棚卸資産、
法人税法第2条第21号に規定する有価証券（以下この章において「有価証
券」という。）及び繰延資産以外の資産のうち法人税法施行令第13条各号
に掲げるもの（時の経過によりその価値の減少しないものを除く。）とする。

8　法第42条の13第6項に規定する政令で定める場合は、第1号に掲げる金
額が第2号に掲げる金額以下である場合とする。

一　法第42条の13第6項に規定する特定対象年度（以下この号及び次号に
おいて「特定対象年度」という。）の基準所得等金額（当該特定対象年
度開始の日前1年（当該特定対象年度が1年に満たない場合には、当該
特定対象年度の期間。以下この号及び次号において同じ。）以内に終了
した各事業年度（当該開始の日前1年以内に終了した各事業年度に連結
事業年度に該当する事業年度がある場合には当該開始の日前1年以内に
終了した各連結事業年度のうち最も新しい連結事業年度終了の日後に終
了した各事業年度に限るものとし、最初課税事業年度開始の日前に終了
した各事業年度及び外国法人である人格のない社団等の第10項第2号ニ
に規定する収益事業から生ずるものを有することとなった日を含む事業
年度開始の日からその有することとなった日の前日までの期間を除く。
次号において「前事業年度等」という。）の月数を合計した数が当該特
定対象年度の月数に満たない場合には、当該基準所得等金額を当該特定
対象年度の月数で除し、これに当該合計した数を乗じて計算した金額)

二　前事業年度等の基準所得等金額（特定対象年度開始の日から起算して

１年前の日を含む前事業年度等にあっては、当該前事業年度等の基準所得等金額を当該前事業年度等の月数で除し、これに当該１年前の日から当該前事業年度等の終了の日までの期間の月数を乗じて計算した金額）の合計額

9　第３項、第５項第２号及び前項の月数は、暦に従って計算し、１月に満たない端数を生じたときは、これを１月とする。

10　第８項において、次の各号に掲げる用語の意義は、当該各号に定めるところによる。

一　基準所得等金額　各事業年度のイ及びロに掲げる金額の合計額からハに掲げる金額を控除した金額をいう。

イ　当該事業年度の所得の金額（法人税法第62条第２項に規定する最後事業年度にあっては、同項に規定する資産及び負債の同項に規定する譲渡がないものとして計算した場合における所得の金額。次項第２号イ及びロにおいて同じ。）

ロ　法人税法第57条、第58条又は第59条の規定により当該事業年度の所得の金額の計算上損金の額に算入された金額

ハ　法人税法第27条の規定により当該事業年度の所得の金額の計算上益金の額に算入された金額

二　最初課税事業年度　法第42条の13第６項に規定する法人が次に掲げる法人に該当する場合におけるそれぞれ次に定める日を含む事業年度をいう。

イ　公益法人等又は内国法人である人格のない社団等　新たに収益事業
　を開始した日

ロ　公益法人等（収益事業を行っていないものに限る。）に該当してい
　た普通法人又は協同組合等　当該普通法人又は協同組合等に該当する
　こととなった日

ハ　普通法人又は協同組合等に該当していた公益法人等　当該公益法人
　等に該当することとなった日

ニ　外国法人　恒久的施設を有することとなった日（人格のない社団等
　については、法人税法第141条第 1 号に定める国内源泉所得のうち収
　益事業から生ずるものを有することとなった日）

11　法第42条の13第 6 項に規定する法人が次の各号に掲げる法人に該当する
　場合には、第 8 項に規定する基準所得等金額は、前項の規定にかかわらず、
　当該各号に掲げる法人の区分に応じ当該各号に定める金額とする。

一　公益法人等又は内国法人である人格のない社団等　当該事業年度の収
　益事業から生じた所得の金額及び前項第 1 号ロに掲げる金額の合計額

二　恒久的施設を有する外国法人　次に掲げる法人税法第138条第 1 項に
　規定する国内源泉所得の区分に応じそれぞれ次に定める金額

イ　法人税法第141条第 1 号イに掲げる国内源泉所得　当該事業年度の
　恒久的施設帰属所得（同法第142条第 1 項に規定する恒久的施設帰属
　所得をいう。イにおいて同じ。）に係る所得の金額（人格のない社団
　等にあっては、収益事業から生じた所得の金額に限る。）及び同法第
　142条第 2 項の規定により同法第57条、第58条又は第59条の規定に準

じて計算する場合に当該事業年度の恒久的施設帰属所得に係る所得の金額の計算上損金の額に算入された金額の合計額から同法第142条の2の2の規定により当該事業年度の恒久的施設帰属所得に係る所得の金額の計算上益金の額に算入された金額を控除した金額

ロ　法人税法第141条第1号ロに掲げる国内源泉所得　当該事業年度の同号ロに掲げる国内源泉所得に係る所得の金額（人格のない社団等にあっては、収益事業から生じた所得の金額に限る。）及び同法第142条の10の規定により準じて計算する同法第142条第2項の規定により同法第57条、第58条又は第59条の規定に準じて計算する場合に当該事業年度の同号ロに掲げる国内源泉所得に係る所得の金額の計算上損金の額に算入された金額の合計額から同法第142条の10の規定により同法第142条の2の2の規定に準じて計算する場合に当該事業年度の同号ロに掲げる国内源泉所得に係る所得の金額の計算上益金の額に算入された金額を控除した金額

3 省令

（給与等の支給額が増加した場合の法人税額の特別控除）
第20条の10

1 法第42条の12の5第2項第2号ロに規定する財務省令で定めるところにより証明がされたものは、同項に規定する中小企業者等（以下この項において「中小企業者等」という。）が受けた中小企業等経営強化法第17条第1項の認定に係る経営力向上に関する命令第2条第1項又は第2項の申請書（当該申請書に係る同法第17条第1項に規定する経営力向上計画につき同法第18条第1項の規定による変更の認定があつたときは、当該変更の認定に係る同令第3条第1項又は第2項の申請書を含む。以下この項において「認定申請書」という。）の写し及び当該認定申請書に係る認定書（当該変更の認定があつたときは、当該変更の認定に係る認定書を含む。）の写し並びに当該認定申請書に係る同法第18条第2項に規定する認定経営力向上計画に従って行われる同法第2条第10項に規定する経営力向上に係る事業の実施状況につき経済産業大臣に報告した内容が確認できる書類（当該経営力向上が行われたことが当該認定経営力向上計画に記載された指標（経済産業大臣が認めるものに限る。）の値により確認できるものに限る。）を確定申告書等に添付することにより証明がされた当該中小企業者等とする。

2 施行令第27条の12の5第3項に規定する財務省令で定める日は、当該法人の国内に所在する事業所につき作成された同項に規定する労働者名簿にその氏名が記載された同項各号列記以外の部分に規定する国内雇用者の労働基準法施行規則第53条第1項第4号に掲げる日（当該国内雇用者が当該法人の国内に所在する他の事業所から異動した者である場合には、当該法人の国内に所在する各事業所における当該国内雇用者の同号に掲げる日のうち最も早い日）とする。

3 施行令第27条の12の5第3項第2号に規定する財務省令で定める者は、当該法人との間に法人税法第2条第12号の7の5に規定する支配関係がある個人の国内に所在する事業所に勤務する使用人で当該個人の施行令第5条の6の4第5項第1号に規定する国内雇用者に該当する者とする。

4 施行令第27条の12の5第13項第1号イに規定する財務省令で定める費用は、同号に規定する教育訓練等（以下この条において「教育訓練等」という。）のために同号イに規定する講師又は指導者（以下この項において「講師等」という。）に対して支払う報酬、料金、謝金その他これらに類するもの及び講師等の旅費（教育訓練等を行うために要するものに限る。）のうち当該法人が負担するもの並びに教育訓練等に関する計画又は内容の作成について当該教育訓練等に関する専門的知識を有する者（当該法人の役員（法第42条の12の5第3項第9に規定する役員をいう。）又は使用人である者を除く。）に委託している場合の当該専門的知識を有する者に対して支払う委託費その他これに類するものとする。

5 施行令第27条の12の5第13項第1号ロに規定する財務省令で定める費用は、コンテンツ（文字、図形、色彩、音声、動作若しくは映像又はこれらを組み合わせたものをいう。以下この項において同じ。）の使用料（コンテンツの取得に要する費用に該当するものを除く。）とする。

6 施行令第27条の12の5第13項第3号に規定する財務省令で定める費用は、授業料、受講料、受験手数料その他の同号の他の者が行う教育訓練等に対する対価として支払うものとする。

7 施行令第27条の12の5第14項に規定する財務省令で定める書類は、法第42条の12の5第1項又は第2項の規定の適用を受けようとする事業年度の所得の金額の計算上損金の額に算入される同条第1項第2号に規定する教育訓練費の額及び当該事業年度における同条第3項第8号に規定する比較

教育訓練費の額に関する次に掲げる事項を記載した書類とする。

一　施行令第27条の12の5第13項各号に定める費用に係る教育訓練等の実
　　施時期
二　当該教育訓練等の内容
三　当該教育訓練等の対象となる法第42条の12の5第3項第9号に規定す
　　る国内雇用者の氏名
四　その費用を支出した年月日、内容及び金額並びに相手先の氏名又は名
　　称

4 通達

第42条の12の5((給与等の支給額が増加した場合の法人税額の特別控除))関係

<u>42の12の5-1 （中小企業者であるかどうかの判定）</u>

　措置法第42条の12の5第2項の規定の適用上、法人が同項に規定する中小企業者に該当するかどうかの判定（措置法第42条の4第8項第8号に規定する適用除外事業者に該当するかどうかの判定を除く。）は、措置法第42条の12の5第2項の規定の適用を受ける事業年度終了の時の現況によるものとする。

<u>42の12の5-1の2　削除</u>

<u>42の12の5-1の3 （給与等の範囲）</u>

　措置法第42条の12の5第3項第3号の給与等とは、所得税法第28条第1項に規定する給与等（以下「給与等」という。）をいうのであるが、例えば、労働基準法第108条に規定する賃金台帳（以下「賃金台帳」という。）に記載された支給額（措置法第42条の12の5第3項第2号の国内新規雇用者又は同項第9号の国内雇用者において所得税法上課税されない通勤手当等の額を含む。）のみを対象として同項第4号から第6号まで並びに第10号及び第11号の「給与等の支給額」を計算するなど、合理的な方法により継続して給与等の支給額を計算している場合には、これを認める。

<u>42の12の5-2 （他の者から支払を受ける金額の範囲）</u>

　措置法第42条の12の5第3項第4号から第6号まで及び第10号から第12号までの規定の適用上、給与等の支給額から控除する「他の者……から支払を受ける金額」とは、次に掲げる金額が該当する。

(1)　補助金、助成金、給付金又は負担金その他これらに準ずるもの（以下「補助金等」という。）の要綱、要領又は契約において、その補助金等の交付の趣旨又は目的がその交付を受ける法人の給与等の支給額に係る負担を軽減させることであることが明らかにされている場合のその補助金等の交付額

(2)　(1)以外の補助金等の交付額で、資産の譲渡、資産の貸付け及び役務の提供に係る反対給付としての交付額に該当しないもののうち、その算定方法が給与等の支給実績又は支給単価（雇用契約において時間、日、月、年ごとにあらかじめ決められている給与等の支給額をいう。）を基礎として定められているもの

(3)　(1)及び(2)以外の補助金等の交付額で、法人の使用人が他の法人に出向した場合において、その出向した使用人（以下「出向者」という。）に対する給与を出向元法人（出向者を出向させている法人をいう。以下同じ。）が支給することとしているときに、出向元法人が出向先法人（出向元法人から出向者の出向を受けている法人をいう。以下同じ。）から支払を受けた出向先法人の負担すべき給与に相当する金額（以下「給与負担金の額」という。）

42の12の5-2の2　（雇用安定助成金額の範囲）

　措置法第42条の12の5第3項第4号イの「国又は地方公共団体から受ける雇用保険法第62条第1項第1号に掲げる事業として支給が行われる助成金その他これに類するものの額」とは、次のものが該当する。

(1)　雇用調整助成金、産業雇用安定助成金又は緊急雇用安定助成金の額

(2)　(1)に上乗せして支給される助成金の額その他の(1)に準じて地方公共団体から支給される助成金の額

341

42の12の5‐3 （出向先法人が支出する給与負担金）

　出向先法人が出向元法人へ出向者に係る給与負担金の額を支出する場合において、当該出向先法人の国内に所在する事業所につき作成された賃金台帳に当該出向者を記載しているときには、当該給与負担金の額は、措置法第42条の12の5第3項第4号から第6号まで並びに第10号及び第11号の「給与等の支給額」に含まれる。この場合において、当該出向者が当該出向元法人において雇用保険法第60条の2第1項第1号に規定する一般被保険者（以下「一般被保険者」という。）に該当するときは、当該出向者は当該出向先法人において一般被保険者に該当するものとして、措置法第42条の12の5第3項第5号の新規雇用者給与等支給額及び同項第6号の新規雇用者比較給与等支給額を算定する。

42の12の5‐4 （資産の取得価額に算入された給与等）

　措置法第42条の12の5第3項第4号から第6号まで並びに第10号及び第11号の「給与等の支給額」は、当該事業年度の所得の金額の計算上損金の額に算入されるものが対象になるのであるが、例えば、自己の製造等に係る棚卸資産の取得価額に算入された給与等の額や自己の製作に係るソフトウエアの取得価額に算入された給与等の額について、法人が継続してその給与等を支給した日の属する事業年度の「給与等の支給額」に含めて計算することとしている場合には、その計算を認める。

42の12の5‐5 （継続雇用制度対象者の判定）【削除】（H30.6.28）

　措置法第42条の12の5第2項第8号の平均給与等支給額及び同項第9号の比較平均給与等支給額は、措置法令第27条の12の4第14項に規定する継続雇用制度対象者（以下「継続雇用制度対象者」という。）に対して支給した給与等の額を除いて計算するのであるが、法人が、同一の者に対する継続雇用前の職務に対する給与等の額と継続雇用後の職務に対する給与等の額とを同一の日に合計して支給している場合において、継続してその合計額を継続雇用制度対象者に対して支給した給与等の額とし

ているときには、これを認める。

42の12の5‐6 （国内資産の内外判定）【削除】（R3.6.25）

　措置法第42条の12の5第3項第8号に規定する国内資産（以下「国内資産」という。）に該当するかどうかは、その資産が法人の事業の用に供される場所が国内であるかどうかにより判定するのであるが、例えば次に掲げる無形固定資産（令第13条第8号に掲げる無形固定資産をいう。）が事業の用に供される場所については、原則として、それぞれ次に定める場所による。

(1)　鉱業権（租鉱権及び採石権その他土石を採掘し又は採取する権利（以下「採石権等」という。）を含む。）　鉱業権に係る鉱区（租鉱権にあってはこれに係る租鉱区、採石権等にあってはこれらに係る採石場）の所在する場所

(2)　特許権、実用新案権、意匠権、商標権若しくは育成者権（これらの権利を利用する権利を含む。）又は営業権　これらの権利が使用される場所

(3)　ソフトウエア　そのソフトウエアが組み込まれている資産の所在する場所

(注)　一の資産について、国内及び国外のいずれの事業の用にも供されている場合には、当該一の資産は国内資産に該当するものとして取り扱う。

343

42の12の5-7（国内事業供用が見込まれる場合の国内資産の判定）【削除】（R3.6.25）

　措置法第42条の12の5の規定の適用上、法人の有する資産が適用年度終了の日において当該法人の事業の用に供されていない場合であっても、その後国内において当該法人の事業の用に供されることが見込まれるときには、当該資産は国内資産に該当することに留意する。

42の12の5-8　（資本的支出）【削除】（R3.6.25）

　法人の有する国内資産につき資本的支出を行った場合の当該資本的支出に係る金額は、42の12の5-11ただし書の適用があるものを除き、措置法第42条の12の5第3項第8号に規定する国内設備投資額（以下「国内設備投資額」という。）に含まれるものとする。

42の12の5-9　（圧縮記帳をした国内資産の取得価額）【削除】（R3.6.25）

　法人の有する国内資産のうちに法又は措置法の規定による圧縮記帳の適用を受けたものがある場合における措置法第42条の12の5第3項第8号の「国内資産（……）で当該適用年度終了の日において有するものの取得価額」は、その圧縮記帳前の実際の取得価額（42の12の5-11ただし書の適用があるものにあっては、その圧縮記帳前の実際の取得価額から同通達の「当該法人の有する国内資産に係るこれらの金額に相当する金額」を控除した金額）によるものとする。

42の12の5-10（贈与による取得があったものとされる場合の適用除外）【削除】（R3.6.25）

　措置法第42条の12の5第3項第8号の規定により、贈与による取得は同号の取得に該当しないのであるから、次に掲げる場合は、次によるこ

とに留意する。

(1) 資産を著しく低い対価の額で取得した場合において、その対価の額と取得の時における当該資産の価額との差額に相当する金額について贈与を受けたものと認められるときは、同号の規定の適用に当たっては、当該対価の額による取得があったものとする。

(2) 資産を著しく高い対価の額で取得した場合において、その対価の額と取得の時における当該資産の価額との差額に相当する金額の贈与をしたものと認められるときは、同号の規定の適用に当たっては、当該資産の価額による取得があったものとする。

(注) (1)の適用がある場合には、42の12の5-11の取扱いの適用はない。

42の12の5-11（償却費として損金経理をした金額）【削除】（R3.6.25）

措置法第42条の12の5第3項第9号に規定する「償却費として損金経理（……）をした金額」には、基本通達7-5-1又は7-5-2の取扱いにより償却費として損金経理をした金額に該当するものとされる金額が含まれることに留意する。

ただし、法人が継続して、これらの金額につきこの「償却費として損金経理（……）をした金額」に含めないこととして計算している場合には、国内設備投資額の計算につき当該法人の有する国内資産に係るこれらの金額に相当する金額を含めないこととしているときに限り、この計算を認める。

■著者紹介

鯨岡　健太郎／公認会計士・税理士
税理士法人ファシオ・コンサルティング　パートナー

1997年　専修大学商学部商業学科卒業
1998年　監査法人トーマツ（現：有限責任監査法人トーマツ）入社
　　　　主に国内上場企業に対する法定監査業務及びIPO支援業務に従事
2002年　公認会計士登録
2003年　税理士法人トーマツ（現：デロイト　トーマツ税理士法人）に転籍
　　　　入社
　　　　主に外資系企業や国内上場企業に対する税務コンプライアンス業務
　　　　及び税務コンサルティングサービスをはじめ、M＆Aにおける税務
　　　　デューデリジェンス業務及びストラクチャリング業務に従事。
2005年　税理士登録
2008年　鯨岡公認会計士事務所開設
2009年　税理士法人ファシオ・コンサルティングを設立し、社員税理士に就
　　　　任。
　　　　これまでの経験を活かし、中小企業から中堅・大企業まで幅広いク
　　　　ライアント層に対して連結納税システムの導入支援や税効果会計支
　　　　援業務等も含めた法人税務サービスを提供している。企業経理担当
　　　　者、税理士、公認会計士向けのセミナーや執筆活動も多数手がけて
　　　　いる。

（著書）
・『中小企業の判定をめぐる税務』清文社、2021年
・『三訂版　最新企業会計と法人税申告調整の実務』（日本公認会計士協会東
　京会編、専門編集員）日本公認会計士協会、2017年
・『中小企業のための事業承継ハンドブック』（日本公認会計士協会東京会編、
　専門編集員）清文社、2016年

（主な講演実績）
株式会社プロフェッションネットワーク、一般財団法人会計教育研修機構、
日本公認会計士協会、TKC全国会、株式会社税務研究会、株式会社レガシィ、
株式会社KACHIEL、TAC株式会社、大原学園ほか

人材確保等促進税制(所得拡大促進税制)の実務解説

2021年12月3日　発行

著　者　　鯨岡 健太郎 Ⓒ

発行者　　小泉 定裕

発行所　　株式会社 清文社

東京都千代田区内神田１－６－６　（MIF ビル）
〒101-0047　電話03(6273)7946　FAX03(3518)0299
大阪市北区天神橋２丁目北２－６　（大和南森町ビル）
〒530-0041　電話06(6135)4050　FAX06(6135)4059
URL https://www.skattsei.co.jp/

印刷：大村印刷㈱

■著作権法により無断複写複製は禁止されています。落丁本・乱丁本はお取り替えします。
■本書の内容に関するお問い合わせは編集部までFAX（03-3518-8864）またはedit-e@skattsei.co.jpでお願いします。
■本書の追録情報等は、当社ホームページ（https://www.skattsei.co.jp/）をご覧ください。

ISBN978-4-433-71221-1